So
Easy !

make things

simple and enjoyable

生活技能 95

開始到日本打工度假

作者◎高函郁

太雅

作者序

無論如何都要去日本打工度假

因為曾有美國打工度假的經驗過，還記得，第一次很輕鬆就完成了繁瑣的申請資料，在期間內繳交了相關文件，但簽證公布時，卻申請失敗。

那段時間，感到十分失落。那種宛如懷胎十月般期待簽證成功的心情，很難用字句來形容，而卻在公布時，瞬間打入地獄般痛苦，是的，第一次申請日本打工度假簽證，我沒有成功。

遍循網路上各種簽證申請成功的經驗分享，還請許多簽證申請成功的前輩檢查、指導，又找專業的代辦機構複查，然後又遞交了第二次。但是天不從人願，成功並沒有在我百般的努力後，就自然而然的降臨，失敗又再度與我作伴。

第三次，為了各方面都精準到位，我查了將近千筆他人分享的資料，甚至重新拍了證件照，將申請書、履歷書等文件準備了至少10份，然後用黑筆一字一字重新寫上，只要一寫錯，我就像有強迫症般的整張重寫，最後，終於順利地拿到打工度假簽證。

看了我三次的申請經歷，也許你會有疑問：「難道申請日本打工度假，真的很困難嗎？」其實不是，只是申請的文件有許多小地方與細節需要注意，而我也將在本書中一一闡述。真的難的是抵達日本之後的生活。你必須開始一連串的完成：證件申請、租房、電話、網路申辦、銀行開戶等工作，若是當你日文程度沒有很好的時候，又更加辛苦了。

如果你想要到日本打工度假，卻不知道從何開始準備申請文件；或是煩惱抵達日本後，一連串重要事項的辦理；擔憂找不到工作、不知從哪個管道下手；或是休假時不知去哪裡旅行……，請你千萬千萬要翻閱這本書，希望這個作品，能幫助大家未來的一年，都有愉快又充實的打工度假回憶。

我得感謝一路上協助我、幫助我的朋友們，在異鄉體會台灣人情味是多麼的珍貴與感恩；感謝芳玲總編給我這個機會，感謝律婷主編細心提醒每一個細節，感謝孟儒主編不辭辛勞的協助我，無數個夜晚陪我反覆校訂，也感謝給予我最大協助與後盾的家人及男友，讓我能奮不顧身的勇往直前。

最後，我得感謝正在翻閱的你們，如果沒有你們就沒有這本書的誕生，在即將啟程前往日本的同時，讓我們一起創造屬於自己的故事。

高函郁

關於作者 **高函郁**

綽號高嘎嘎(Gaga)， 熱愛旅行的重度上癮者，水瓶座愛好冒險犯難的個性，曾經連日文五十音都不太熟，就前往沖繩打工換宿3個月，從此便愛上日本無法自拔，前往日本打工度假，立志考取日文檢定N1，走遍日本各大慶典，環遊日本多圈，現定居在大阪。

個人著作：

《開始到日本打工度假》、《開始到美國打工度假》、《來沖繩過日子》

推薦序 這是一本讓你迅速掌握訣竅的實用書

我曾經招待過不同國家的沙發客，發現了一個很有趣的巧合，這些旅者中，有許多人都曾經到海外打工度假過。年輕是他們共同的特色，有的人甚至不到二十歲。有別於稚嫩的外表，他們散發著超越同齡朋友的成熟度。他們有無窮無盡的有趣故事，隨時都可以分享。他們不抱怨，鮮少批評人，總是正向的看待事情。這樣的人格特質很有渲染力，也讓人很容易就喜歡上了他們。

說起來有些慚愧，雖然我的年紀比他們大，和他們相處交流過後，赫然發現自己不論是在應對進退、溝通表達，還有保持樂觀的能力上，都遠不如他們。

比起賺錢，他們都從打工度假的經驗當中，得到了更珍貴的價值。

這也是函郁給我的感覺，或許她的無窮活力和開朗個性，正是源自於打工度假的經驗吧！函郁從學生時代便開始旅行，探索世界，和世界交朋友。曾經在美國打工度假的她，現在又跑去日本體驗了。

若你也有去日本打工度假的計畫，這本書你絕不容錯過。裡面的資訊詳細，能讓你掌握訣竅，快速進入狀況。若你尚未安排類似的計畫，閱讀函郁的文字，開開眼界，也是很棒的享受。

跟著函郁，一起體驗在日本打工度假的生活，寫下自己的故事吧！

《在家環遊世界！400沙發客住我家》
作者　葉士愷

編輯室提醒

出發前，請記得利用書上提供的Data再一次確認

　　每一個城市都是有生命的，會隨著時間不斷成長，「改變」於是成為不可避免的常態，雖然本書的作者與編輯已經盡力，讓書中呈現最新最完整的資訊，但是，我們仍要提醒本書的讀者，必要的時候，請多利用書中的電話，再次確認相關訊息。

資訊不代表對服務品質的背書

　　本書作者所提供的飯店、餐廳、商店等等資訊，是作者個人經歷或採訪獲得的資訊，本書作者盡力介紹有特色與價值的旅遊資訊，但是過去有讀者因為店家或機構服務 態度不佳，而產生對作者的誤解。敝社申明，「服務」是一種「人為」，作者無法為所有服務生或任何機構的職員背書他們的品行，甚或是費用與服務內容也會隨時間調動，所以，因時因地因人，可能會與作者的體會不同，這也是旅行的特質。

新版與舊版

　　太雅旅遊書中銷售穩定的書籍，會不斷再版，並利用再版時做修訂工作。通常修訂時，還會新增餐廳、店家，重新製作專題，所以舊版的經典之作，可能會縮小版面，或是僅以情報簡短附錄。不論我們作何改變，一定考量讀者的利益。

票價震盪現象

　　越受歡迎的觀光城市，參觀門票和交通票券的價格，越容易調漲，但是調幅不大（例如倫敦），若出現跟書中的價格有微小差距，請以平常心接受。

謝謝眾多讀者的來信

　　過去太雅旅遊書，透過非常多讀者的來信，得知更多的資訊，甚至幫忙修訂，非常感謝你們幫忙的熱心與愛好旅遊的熱情。歡迎讀者將你所知道的變動後訊息，善用我們提供的「線上讀者情報上傳表單」，或是直接寫信來taiya@morningstar.com.tw，讓華文旅遊者在世界成為彼此的幫助。

你正在閱讀一篇神奇的文字

　　這一篇「編輯提醒」，於太雅創業後第四年即二〇〇一年由總編輯為文，開始發布在太雅印製的每一本旅遊書上。今天兩岸旅遊書幾乎都引用了這篇編輯提醒，而且從不曾有人事先告知太雅。然而，我們內心感到欣慰，因為走在前面，本身的挑戰與經歷又大又多，本文被廣泛引用，證實這些經驗有如基石般正確與可貴。

太雅旅行作家俱樂部

目 錄

如何使用本書

日本也能打工度假,作者親身體驗,邊打工邊玩樂,實現你的日本打工度假夢!本書從認識日本風貌、行前的各種準備功課、申請打工度假表格填寫、到了當地的各種工作型態、提醒你需要申請的證件、當地交通移動方式、住宿介紹、城市景點介紹、飲食推薦、生活大小事、如何緊急求助等。所有你在日本打工度假會遇到的問題全都幫你設想好,並給予適當的解答,讓你前往日本打工度假,好放心!

▶ 貼心小叮嚀
作者特別要提醒的重要消息,叮嚀你謹記。

◀ 過來人提醒
作者不藏私的經驗談,讓你免走太多冤枉路。

▲ 步驟圖解化
複雜的操作,全都圖解化,讓你一目了然。

▼ 實用求職網站推薦
最大的求職網、外國留學生專用、最多的工作種類、適合日文不好的人使用等等的求職網站,都有介紹,讓你找工作快速上手。

介紹日本打工種類
包括餐廳、主題樂園、飯店、旅館、速食店、連鎖餐店、農牧場、工廠、表演類等等，讓你迅速了解在日本可以打工的工作類型。

▲
表格填寫步驟
申請文件的申請步驟與範例，照著做就能輕鬆完成。

▼
城市簡介

大阪是西日本中最大的城市，交通便利，非常適合作為遊覽關西地區，周邊的京都、奈良、神戶等都可以⋯⋯
除了擁有天下第一名城的大阪城外，⋯⋯一個建立的主題公園──環球影城⋯⋯心齋橋與道頓堀更是顯富盛名⋯⋯，此處更匯集日本各地的⋯⋯

交通
若是在大阪市內觀光，搭乘地⋯⋯市內南北的御堂筋線是大阪載客⋯⋯相連大阪最主要的兩大地區，北⋯⋯波等主要車站均有扺達。除此之⋯⋯京都、神戶、奈良等，還可搭乘⋯⋯巴士都標有「大阪市營巴士⋯⋯幾乎遍及整個大阪市。
交通指南：kens⋯⋯

▼
城市交通

景點介紹
景點交通資訊

▲
日本著名城市玩透透
全日本知名城市景點：如東京、北海道、京都、大阪、立山黑部、沖繩等等，眾多好玩又精采的地方，絕對不要錯過！

Work
for
Experience

Japan
Let's Go!

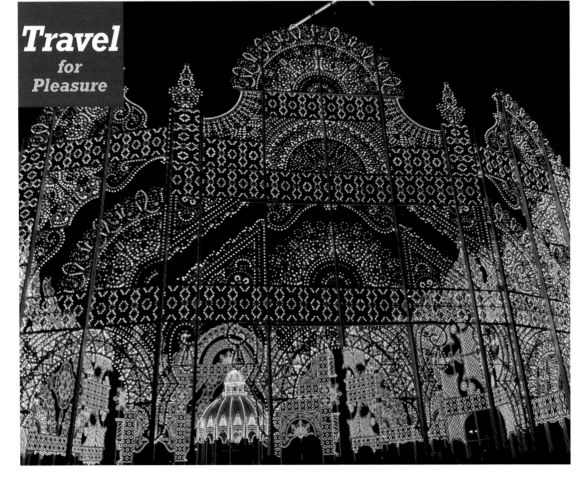

Travel
for
Pleasure

Working Holiday in *Japan*

認 識 日 本
About Japan

日本，是什麼樣的國家？

簡單介紹每個人都耳熟能詳的日本，包含地理、行政區、時差與氣候等各方面資訊，在出發打工度假前，對日本有初步的了解。

日本小檔案

Working Holiday In Japan

日本距離台灣最快僅需2小時左右的飛行時間，和台灣時差僅相差1小時，除了首都東京、古都京都，還有哪些主要城市？電壓與台灣是否通用？獨特的日本曆法該如何換算為西元年？還有關於日本大大小小的祭典與節日，本篇將一一為你介紹。

地理

Working Holiday in Japan

地屬東北亞的日本，是歐亞大陸以東，太平洋以西的島嶼國家，距離台灣僅需2小時左右飛行時間，是台灣旅客前往國外旅遊的首選之一。

北海道

東北

中部

關東

京都府

兵庫縣

中國

奈良縣

東京都

九州

近畿

大阪府

四國

沖繩

主要城市

日本國土主要由本州、九州、四國及北海道4個主要島嶼以及分布四周的小島組成，其中位於關東地區的首都東京，近畿地區的大阪、京都、神戶，中部的名古屋，以及最北的北海道，皆為人口密集區，屬高度城市化國家。

▲東京　　　▲京都

時差

日本全國是採用日本標準時間 (Japan Standard Time，簡稱 JST)，比格林威治的標準時間 (Greenwich Mean Time，簡稱 GMT) 快 9 小時，時間比台灣快 1 小時。如日本是晚上 09:30，台灣時間則為晚上 08:30。

人口

占日本人口總數 99% 的大和民族是構成日本的主要民族，遍布日本整個列島，屬單一民族國家。少數民族為琉球族和愛努族。

語言

日語為主要溝通語言，由於外來語眾多，且大多日本人接受過英語教育，所以在日通行可用簡單英語，搭配中文漢字溝通。

飲用水

日本自來水均可以直接生飲，不須額外買瓶裝水，若是不敢直接生飲可煮沸再喝，或至便利商店及超市購買礦泉水。

▲水龍頭的水可直接生飲　▲水

電壓

台灣電壓為 110 伏特，而日本電壓為 100 伏特，基本上電器均可使用，不須另外準備變壓器或轉接插頭，但因日本東部地區 (含東京、橫濱、東北、北海道) 的電流頻率是 50Hertz，西部地區 (含名古屋、大阪、京都、四國、九州) 是 60Hertz，此頻率差異會影響敏感設備，使用前須確定電器是否可調節電壓。

▲插座與插頭

氣候
Working Holiday in Japan

　　日本四季氣候變化十分明顯，由於日本南北端相距三千多公里，氣候相差甚大，前往日本旅遊前，建議線上搜尋氣溫概況，視地區而增減衣物。

日本國家氣象廳查詢

🌐 www.jnto.go.jp/weather
（選地區→城市名稱查詢即可。
若是找不到你想查詢的城市，可至美國國家
氣象局查詢。）

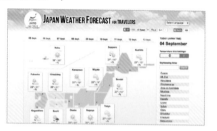

貨幣
Working Holiday in Japan

　　日本官方貨幣為日圓(日文：円，貨幣符號：¥)，新台幣 1,000 元約可換¥3,000 多左右，波動可上網查詢匯率換算 (tw.money.yahoo.com/currency-converter)；常見紙幣為¥1,000、¥2,000、¥5,000、¥10,000。

▲¥1,000

▲¥2,000

▲¥5,000

▲¥10,000

曆法
Working Holiday in Japan

　　日本國內採用西元年曆，同時使用日本年號，也就是所謂的和曆。和曆是日本專用的曆法，如西元 2015 年，日本年號為平成 27 年。除了正式場合，民間企業或從事商業行為採用西元年曆，而一般生活中，使用日本年號較為普遍。

　　由於在日本許多公司仍然採用和曆，填寫個人資料時，出生年月日仍然使用和曆，以下列出和曆、西曆與中華民國曆法做對照，快來推算自己出生那年是和曆的哪時候。

曆法對照表

西曆	和曆	中華民國曆
1985 年	昭和 60 年	民國 74 年
1986 年	昭和 61 年	民國 75 年
1987 年	昭和 62 年	民國 76 年
1988 年	昭和 63 年	民國 77 年
1989 年	昭和 64 年：1 月 7 日	民國 78 年
	平成 1 年：1 月 8 日～	
1990 年	平成 2 年	民國 79 年
1991 年	平成 3 年	民國 80 年
1992 年	平成 4 年	民國 81 年
1993 年	平成 5 年	民國 82 年
2011 年	平成 23 年	民國 100 年
2012 年	平成 24 年	民國 101 年
2013 年	平成 25 年	民國 102 年
2014 年	平成 26 年	民國 103 年
2015 年	平成 27 年	民國 104 年
2016 年	平成 28 年	民國 105 年
2017 年	平成 29 年	民國 106 年

節日
Working Holiday in Japan

日本國定假日可至內閣府查詢，其中主要有元旦、成人節、春分、秋分節、敬老節、天皇誕辰等，日曆上以紅色日期顯示，除了觀光商業設施，例如百貨公司、餐廳、超市、遊樂園等照常營業外，大部分日本政府機關、民間企業、銀行等均放假休息。

日本的長假主要有 3 個，分別爲：元旦放假、5 月初的黃金週和 8 月的盂蘭盆節的暑假假期。元旦通常由年底 12 月 29 日開始放假，至隔年新年的 1 月 3 日；5 月初的黃金週一般是由 4 月底開始放假，是旅遊的高峰季節，日本各地飯店房價居高不下；8 月的盂蘭盆節，學校、政府機構和民間企業也都放假，也就是所謂的暑假。

■ 内閣府

www.cao.go.jp

（選擇「内閣府ホーム」→「内閣府の政策」→「制度」→「国民の祝日について」）

※ 日本的國定假期，如果遇到週六、日，則次日會補休假一天。

日本國定節日

節日		日期	說明
元日	元旦	1 月 1 日	元旦，通常放假日期為 12/29 ～ 1/3
成人の日	成人節	一月第二個星期一	全國各地會替滿 20 歲的男女舉辦成人儀式
建國記念日	建國紀念日	2 月 11 日	建國紀念日
春分の日	春分節	3 月 20 日前後	春分節：灑豆、惠方卷 灑豆：灑豆時邊說「鬼は外，福は內」，可招好運 惠方卷：即壽司捲，一口氣將一整條壽司吃完可招好運
昭和の日	昭和日	4 月 29 日	昭和天皇的生日，黃金週的始日
憲法記念日	憲法紀念日	5 月 3 日	日本憲法實行之日，黃金週連休
みどりの日	綠化節	5 月 4 日	綠化節，黃金週連休
こどもの日	兒童節	5 月 5 日	兒童節，黃金週連休 家中有男孩的家庭會掛出鯉魚旗，若有兩位男孩則懸掛 2 隻藍色鯉魚旗。 鯉魚旗顏色：「黑色」代表父親；「紅色」代表母親；「藍色」代表男孩
海の日	海洋節	7 月第三個星期一	海洋節
山の日	山之日	8 月 11 日	2016 年起實施，鼓勵國民多去爬山，感謝山林的恩惠。
敬老の日	敬老節	9 月第三個星期一	敬老節
秋分の日	秋分節	9 月 22 日	為緬懷祖先，追逝過去的先人，也是天皇秋季祭祖的日子
體育の日	體育節	10 月第二個星期一	體育節
文化の日	文化節	11 月 3 日	文化節，各地舉行文化活動來慶祝，許多博物館及文化設施入場均免費
勤労感謝日	勤勞感謝日	11 月 23 日	勤勞感謝日，即豐收節
天皇誕生日	天皇誕辰	12 月 23 日	天皇誕辰，現今天皇 (明仁陛下) 的生日

慶典

Working Holiday in Japan

在日本除了國定假日外，日本各地有許多節慶活動，有些屬於全國性活動，部分則為地方活動，幾乎每一個神社都有自己的祭典。

大多數的祭典是一年舉行一次，為所供奉的神明、季節或歷史事件進行慶祝活動。有些祭典甚至長達數天。其中日本最為著名的三大祭典，就是東京的神田祭、大阪的天神祭、京都的祇園祭。

除了日本三大祭典外，地方祭典最為著名的，莫過於東北地區的四大祭典：青森縣的睡魔祭、秋田縣的竿燈祭、山形縣的花笠祭、宮城縣的七夕祭。

部分節慶具體日期每年均不同，建議前往參加祭典前，需先查詢當年日本年曆。

除了表中所列之慶典外，日本各地在 7、8 月均會舉行花火大會，各地舉辦日期不一，詳細資訊可至花火大會情報查詢。

http www.yukatayasan.com/hanabi

節慶資訊網

詳細節日慶典資訊可至下列網站搜尋：

日本國家旅遊局
http www.welcome2japan.hk

日本旅遊觀光綜合資訊網站
http www.e-japannavi.com

▲北海道雪祭

▲淺草三社祭

▲青森睡魔祭

重要節慶一覽表

日期	節慶名稱	說明	地點
2 月 3 日	節分祭	撒豆子、吃惠方卷等傳統活動	全國
2 月中旬	札幌冰雪節	大通公園、真駒內公園、薄野 3 個會場展出的巨大雪雕與冰雕	北海道札幌
2 月初～中旬	雪屋節	用雪堆砌起來的房屋稱為「雪屋」，屋內設有祭壇，供奉年糕與美酒來祭祀水神	秋田縣橫手市
2 月 14 日	情人節	日本與全球許多國家，情侶們會互贈禮物，單身者則由女方送巧克力告白	全國
3 月初～中旬	水取祭	水取祭統稱「修二會」，是佛教懺悔儀式，至今舉行已超過 1250 年，在日本屬於最古老的佛教活動之一	奈良東大寺
3 月 3 日	女兒節	又稱桃花節，家中有女孩的會擺出宮廷人偶作為擺飾	全國
3 月 14 日	白色情人節	男生回贈巧克力給女生	全國

4 月上旬	櫻花祭	櫻花盛開的季節，除了東京外，關西地區的京都、大阪也是賞櫻勝地	東京、京都、大阪
5 月 15 日	葵祭 ●	慶祝德川家康在戰場上獲勝，原稱為「賀茂祭」，後因祭典隊伍皆用葵花與葵葉裝飾而稱	京都上賀茂神社
5 月中旬	淺草三社祭 ●	東京具有代表性的抬神轎活動，是淺草寺及淺草神社的合同祭典，正式名稱為「淺草神社例大祭」	東京淺草寺
5 月中旬	神田祭 ●●	除了抬著神轎繞行神田、日本橋、大手、丸之內和秋葉原的「神幸祭」，還有 100 座氏子町神轎入宮參拜的「神轎入宮」活動	東京神田明神（又稱神田神社）
7 月 7 日	七夕節	日本全國皆有大大小小的七夕祭，其中號稱日本三大七夕祭的分別是：仙台、平塚、一宮	全國
7 月	祇園祭 ●	祈求疾病退去，祭典將持續 1 個月。由京都府京都市八坂神社舉行	京都八坂神社
7 月下旬	天神祭 ●	身穿宮廷裝束的民眾與神輿一起前行的「陸渡御」，及在天滿橋畔搭船逆流而上的「船渡御」，加上天神祭的奉納花火 (煙火) 是天神祭不容錯過的活動	大阪天滿宮
8 月上旬	彩燈節、睡魔祭 ●	類似台灣元宵節，在江戶時代為了趕走妨礙夏季農務的「睡魔」，而舉行各種活動，又稱「睡魔祭」	青森
8 月上旬	竿燈祭 ●	為日本中元節前慶祝豐收大典，除了晚上的竿燈遊行外，白天還有竿燈競技比賽	秋田
8 月上旬	花笠祭 ●	在斗笠上結上染成紅色的紙，製成花笠，然後旋轉、揮動花笠跳舞，為人們加油打氣	山形
8 月上旬	七夕祭 ●	仙台市內各地都掛上漂亮的七夕裝飾，並穿上浴衣參加晚間遊行	仙台
8 月中旬	盂蘭盆節	日本各地於盂蘭盆節時，所舉行的傳統舞蹈祭典，當中最著名的就是德島縣德島市的「阿波踊祭」	全國
8 月中旬	京都大文字五山送火祭	在環繞京都盆地的群山腰上，用火描繪出巨大文字的活動	京都
8 月下旬	淺草森巴狂歡節	日本全國的正宗森巴舞團將齊聚一堂，為淺草的夏天畫下句點，是日本最大型的森巴遊行活動	東京淺草寺
9 月中旬	花車祭	重達 4 噸的花車由 1,000 名男子拉著的傳統祭典，由大阪府岸和田市舉行	大阪
10 月 22 日	時代祭	為紀念平安遷都及平安神宮創建而生的祭典，因採用「時代行列」的形式，而稱「時代祭」	京都平安神宮
12 月上旬	秩父夜祭	有巨型慶典山車 (Yatai)，12 月 3 日晚間為重頭戲	埼玉縣秩父市
12 月 24 ～ 25 日	聖誕節	日本各地布置了大型聖誕樹，及絢爛燈飾來展現聖誕氣氛	全國

●京都三大祭典之一　●東京三大祭典之一　●日本三大祭典之一　●江戶三大祭典之一　●東北四大祭典之一

Work
for
Experience

FOOD
OR
DRINK
TAKE OUT
OK!

Japan
Let's Go!

Travel
for
Pleasure

Working Holiday in *Japan*

認識日本打工度假

About Japan

什麼是日本打工度假？

介紹日本打工度假，包含如何辦理相關文件、詳細的打工度假簽證說明與範例。

認識日本打工度假
Working Holiday In Japan

自2009年開始，為提供日本與台灣的青少年能有體驗對方文化，與日常生活方式之機會，而啟用「打工度假制度」。也就是台灣人可持打工度假簽證赴日，日本人也可持打工度假簽證來台。

選擇日本打工度假原因
Working Holiday in Japan

由於日本打工簽證一輩子只能申請一次，若是曾經取得日本打工度假簽證者，即使再度提出申請也無法成為給發對象。所以在申請簽證前，務必規畫好這一年的打工度假簽證的目的為何，如果在尚未規畫周詳時，就貿然申請前往日本，抵達日本卻因為規畫不完全，只待幾個月就回來台灣，是相當浪費且可惜的事情。

大部分申請打工度假簽證的目的，可以分為下列幾點：

比觀光簽證的停留時間長

一般前往日本旅遊，觀光簽證效期為90天，一年總共可以待在日本旅遊的時間僅有180天限制，

▲利用打工一年玩遍日本各大祭典也是不錯選擇之一

對於想要長時間在日本旅行的人，觀光簽證是無法滿足長達6個月以上的旅遊，如此便可以申請打工度假簽證，不論是想要在日本體驗定居生活，或是環遊日本一周，參與各種慶典或至各地深度旅行，都是相當合適的選項，如果旅費足夠的話，是可以拿著打工度假簽證，只進行度假，而不用強制打工。

嚮往在日就業與生活

許多在台灣學習日文的人，嚮往在日本就業與生活。由於前往日本就業，需要申請特定的工作簽證，申請文件較多，手續繁瑣，一般日本企業比較不能接受，在尚未抵達日本，還不確認求職者的能力前，便貿然幫對方申請工作簽證。有些公司會要求先有日本打工度假簽證，在日本先實習3個月或以上，在試用期通過後，再幫對方辦理工作簽證，所以嚮往在日本就業的人，可以申請打工度假簽證，前往日本從事正社員（正職）的工作，並沒有只能從事兼職工作的限制。

增進日文能力，比遊學留學費用划算

想要在全日語的環境下就學，但申請日本留學簽證，除了手續繁瑣複雜外，還需要有高達100萬台幣的財力證明，加上留學費用是一筆為數不小的費用，若是選擇打工度假簽證，除了可在日

本結交日本朋友、體驗當地文化外，如果還想要就讀語言學校，也可以拿打工度假簽證，申請短期語言學校的課程，從 3 個月到 1 年不等，申辦入學的手續，比在台灣申請留學簽證更為簡便。

▲青森睡魔祭

▲秋田竿燈祭

▲大阪天神祭

■ 邊賺邊玩，長期在日旅行不是夢

想到日本深度旅行，沒有足夠旅費可以支付生活費，只要申請打工度假簽證，就能合法在日本打工，賺取生活費與旅費，由於日本薪資比台灣來得高，加上打工度假簽證並沒有規定工作時數的上限，不論是想要環遊日本一周，或是想要存一筆錢回台灣，都是相當合適的選項。

■ 為留學、就業準備，取得較長簽證

如果想要到日本留學，或是取得工作簽證後，需要前往日本準備前置作業 (如：赴日租房子、辦手機、開銀行戶頭等等)，可以選擇辦理打工度假簽證。觀光簽證是無法辦理以上手續的，若是想要提前熟悉環境，打工度假是相當合適的選項。

貼心小叮嚀

日本打工 vs 日本留學

如果是留學簽證，想要打工必須申請「資格外活動許可」才可以打工，可以選擇在辦理簽證時同時申請資格外活動許可，或之後辦理簽證延期再申請也可，由於日本政府有規定學生一週打工時數不得超過 28 小時，若是寒暑假等較長的假期，一天也不得工作超過 8 小時，如果是拿留學簽證，就必須遵循以上規範，但倘若簽證為打工度假，即使有就讀短期語言學校，身分仍然算打工度假簽證，就沒有工作時數限制。

所以想要增進日文，又想出國旅行，不再只有留遊學的選項了，在日本打工度假不僅可以打工賺錢、結交世界各地的朋友、加強日文聽說能力、訓練獨立自主的精神，價格不但比遊學便宜許多，還可以體驗當地生活，是個非常特別的經驗！

詳細內容可至入國管理局查詢：
http www.immi-moj.go.jp

各國打工旅遊對照表

國家	名額限制	次數	主要語言	申請費用	申請時間	工作時間	年齡規定	備註
美國	無，依職缺名額而定	無限制	英文	8～12萬	依代辦公司而定	6～9月	18～28歲	須具學生身分或應屆，屬於暑期學生計畫
加拿大	1,000名	1次	英文	150加幣	年底公告申請日期	1年	18～35歲	沒通過，隔年可重新申請
澳洲	無人數限制	1～2次	英文	420澳幣	任何時間	1年	18～30歲	1. 同一雇主不得超過6個月 2. 在特定地區從事農、林、漁、牧、建築、礦業滿88天，可申請二簽
紐西蘭	600名	1次	英文	120紐幣	每年6月	1年	18～30歲	同一雇主不得超過3個月
英國	1,000名	1次	英文	約1萬台幣	2、5月，依教育部青年發展署公告為準	2年	18～30歲	需取得青輔會核發證明，再至英國貿易文化辦事處申辦YMS簽證
韓國	400名	1次	韓文	免費	任何時間	1年	18～30歲	1. 申請人須住在台灣 2. 可參加短期韓語課程
日本	5,000名	1次	日文	免費	5、11月	1年	18～35歲	1. 可參加短期日語課程 2. 一年有2次申請時間
愛爾蘭	400名	1次	英文、愛爾蘭文	1,000台幣	任何時間	1年	18～30歲	停留逾90天需再繳300歐元
波蘭	200名	1次	波蘭文	2,500台幣不等	官方網站	1年	18～30歲	參與此計畫者不需持有工作證，但不可工作、進修或從事訓練超過6個月
斯洛伐克	100名	1次	斯洛伐克文	33歐元	官方網站	1年	18～35歲	須提供財力證明與無犯罪紀錄證明
匈牙利	100名	1次	英文、匈牙利文	60歐元	官方網站	1年	18～35歲	同一雇主不得超過3個月
德國	200名	1次	德文	60歐元	線上預約	1年	18～30歲	同一雇主不得超過3個月
比利時	200名	1次	法文、德文、荷蘭文	205歐元	任何時間	1年	18～30歲	需面試，參加者可選法文、英文、荷蘭文或德文進行面試
奧地利	50名	1次	德文、英文	官方網站	官方網站	6個月	18～30歲	詳細請見奧地利台北辦事處

詳細資訊請見外交部領事事務局之申請參考資料，點選右下角「度假打工（青年交流）」 www.boca.gov.tw

如何申請日本簽證

Working Holiday in Japan

自2015年起簽證核發數量增加為1年5,000件,每年5、11月可辦理簽證申請,即使不會日文也能前往,每次核發數量為2,500件。跟著本篇的步驟 Step by Step,輕鬆申請日本打工度假簽證。

申請方法

Working Holiday in Japan

須申請人本人,攜帶所需文件(P.25),至「日本在台交流協會」台北或高雄事務所提出簽證申請,不接受代理申請與郵寄申請。

申請時間

Working Holiday in Japan

每年申請時間固定在5、11月,詳細日期每年均有變動,確切時間以日本在台交流協會網站為主。以2015年為例:

第一期申請:2015/5/4(一)～5/8(五)
第二期申請:2015/11/2(一)～11/6(五)

貼心小叮嚀

每日簽證受理人數有限額

在簽證申請時間中,台北與高雄僅有兩個時段開放申請,由於簽證申請人數眾多,交流協會事務所有可能限制每日簽證申請受理人數,即使在受理申請時間內前來,也有可能無法受理,務必注意。

申請地點

Working Holiday in Japan

日本在台交流協會

■ 台北事務所

✉ 台北市慶城街28號通泰商業大樓1樓

☎ (02)2713-8000

🕐 申請及領證受理時間:週一～週四 09:15～11:30、13:45～16:00,週五 09:15～11:30

🌐 www.koryu.or.jp

■ 高雄事務所

✉ 高雄市苓雅區和平一路87號10樓

☎ (07)771-4008

🕐 申請及領證受理時間:週一～週五 09:00～12:00、13:30～16:00

▼國際交流台北事務所

簽證核發對象

Working Holiday in Japan

持有有效之台灣護照(載有身分證字號),並居住在台灣之居民,年齡 18 ～ 30 歲,學歷與語言程度不限。

未曾取得日本打工度假簽證,並在不超過一年之內,以度假為主要目的而停留在日本的人。

身體健康且無不良紀錄或犯罪紀錄。

無被扶養者同行(若該家屬持有其他有效簽證則除外)。

已投保在日停留期間,死亡、受傷及生病之相關保險。

▲有才藝的人也可以考慮街頭表演

簽證使用限制

Working Holiday in Japan

簽證的有效期間為 1 年,由各期之領證期間第一天算起。

在簽證有效期間內前往日本,並由入國審查官給予上陸許可者,即表示可自當日起,在日停留 1 年。

簽證之有效期間無法延長。不能在有效期間內前往日本者,該簽證將失去效力。

▲打工是認識新朋友最快速的方法

貼心小叮嚀

工作內容有限制

　　與雇主簽訂工作契約前,請事先充分了解工作之性質及待遇,考量本身能力及體力能否勝任。簽約後,宜履約工作,避免中途違約,造成勞資糾紛;一旦發生勞資糾紛,可向勞動基本監督署洽詢,或是直接向各地區的「外國勞動者諮詢台」尋求勞動條約相關諮詢與外語服務。

　　由於這是打工度假簽證,工作內容須經合法認可,不得在酒吧等風化場所,或相關特殊營業場所從事打工活動,若有違反情事,將可能遭警方逮捕或強制遣返,甚至限制其後入境日本。

辦理簽證所需文件

Working Holiday In Japan

還 在猶豫簽證申請書可否使用藍筆填寫？履歷書究竟能不能填寫中文？理由書與計畫書的內容，應該要寫多少字才夠？存款證明書的存款金額是不是越高越好？沒有日文檢定可否報名……關於申辦簽證所需的文件，本篇將為你解答。

必備文件與輔助文件

Working Holiday in Japan

申請文件檢查表

檢查	項目	說明
	簽證申請書	見 P.27
	2 吋白底彩色證件照 1 張	6 個月內拍攝，貼於申請書上
	台灣身分證正反面影本	A4 白紙，單面列印
	履歷書	可填寫中文或日文
	理由書	可填寫中文或日文，打工度假理由
	計畫書	可填寫中文或日文，打工度假一年計畫
	最終學歷等證明文件	在學證明：正本 畢業證書：影本 休學證明：正影本
	銀行或郵局開立之存款證明書	8 萬台幣以上
	其他自我推薦之文件影本	日文檢定、日本語言學校修業證書等
	護照影本	影本繳交，正本須備查

※ 自我推薦之文件影本，若無則可不必提供。

官方文件下載

申請打工度假簽證所需文件繁多，其中簽證申請書、履歷書、理由書、計畫書須從「日本在台交流協會」下載制式表格填寫，且須留意各文件之申請細節。

■ **公益財團法人交流協會臺北事務所 (即日本在台交流協會)**

http www.koryu.or.jp/taipei-tw

(點選「簽證」→ 選擇「打工度假簽證」→ 選擇「日台打工度假制度簽證須知」→ 選擇「申請所需文件」)

最終學歷證明

若仍在學，須提供在學證明正本；已畢業者則提供畢業證書影本；休學者須提供休學證明書正、影本。若是學歷證件因為改名而與現在名字不同時，須附加提出 3 個月內更改紀錄的戶籍謄本正本。

存款證明書

必須是 1 個月內所申請的存款證明書正本，由郵局或是銀行開立 (存摺影本不予認可)，作為足以購買回台灣之交通票券，以及在日本停留期間初期維持生活之必要費用的證明文件。

若提供存款證明為親屬所有，請另加 3 個月內的戶籍謄本正本，以證明雙方關係。

護照影本

相片資料頁及簽名欄頁皆需要影印，若曾出入境日本、曾取得日本簽證，相關的每一頁都要影印提出，若是護照期限低於半年則無法辦理，需先更換護照，再以新護照辦理，且在日滯留時間也不可超過護照期限。在繳交申請資料時，需要帶護照正本備查，若是沒帶護照正本則無法申請。

輔助文件影本（自我推薦文件）

可提供日本語能力檢定合格證明、日本語言學校修業證書、日本語學習證明，或日本文化、技藝方面等可自我推薦的相關證書。此項為輔助文件，若無則可不必提供。

文件教戰守則

Working Holiday in Japan

日本打工度假申請文件繁多，在填寫文件時有許多小細節須注意，若是缺少了以下任何一個步驟，都是可能造成簽證申請失敗的原因之一。

■ 除了簽證申請書可雙面印刷外，其他文件務必使用A4白紙單面列印，不可使用傳真紙或有顏色之紙張。

■ 文件以「黑色原子筆」填寫，不可有塗改痕跡。

■ 簽證申請書、履歷書、理由書、計畫書可從日本在台交流協會下載制式表格，或可到交流協會索取。

■ 履歷書、理由書、計畫書可選擇電腦打字書寫，但簽名欄須由本人親簽。

■ 繳交文件資料時，需依照「申請文件檢查表」（P.25）順序排序。

■ 受理申請後，文件將不會退還。

簽證申請書、履歷書、調查表

表格皆為中文，依個人狀況填寫。範例可參考：簽證申請書（P.27）、履歷書（P.29）。

理由書 —— 到日本打工度假的理由

理由書主要填寫前往日本打工度假的原因，為什麼申請打工度假，而非使用觀光簽證或是留學簽證前往，此外還可以提及日本吸引之處，喜歡日本的理由等等。例如：觀光簽證也可以去日本度假旅行3個月，留學簽證也可以在日本當地居住，體驗日本在地生活，為什麼特別申請打工度假簽證，而非觀光或是留學簽證？

由於打工度假的宗旨在於為了度假旅遊，附帶從事打工活動來賺取費用，減輕旅費負擔等，因此填寫理由書時，需要特別注意的是，切勿一再強調來日本是為了要打工賺錢，存錢回台等等，應在「喜歡日本文化、想體會日本當地風土民情、瀏覽日本各地美景」等理由上著墨，增加交流協會審查通過的機率。（範例見 P.30）

計畫書 —— 赴日後的規畫

主要填寫抵達日本後想從事的活動與計畫。計畫書內容宗旨也須和理由書相同，務必將主軸往「旅遊」為主，而非「打工」。內容可以依據季節、主題等而定，可在開頭提及未來一年抵達日本後的目標，例如：古蹟遊覽之旅、依季節遷移地區等等，接著再分段規畫整年想完成的目標，內容建議以2～4頁為主。（範例見 P.32）

過來人提醒

不要隨意更改固定格式

由於理由書與計畫書有制定的格式，請至日本交流協會下載官方規格，白色A4單頁列印，內容可選擇黑色原子筆填寫，或電腦打字印出，字數控制在2頁左右，不論是理由書或計畫書，均不得更改格式內的字體大小、行距、欄寬、字型等，右下角必須使用黑色原子筆親筆簽名，簽名欄位不能打字印出。

http tinyurl.com/m96bde

認識日本打工度假

簽證申請書範例：

赴日簽證申請表

印刷

此空白處僅供官方使用

(照片黏貼處)
約4.5 釐米×4.5 釐米
或2 英吋×2 英吋

姓(請按護照填寫)(英文) **Wang** (中文) **王**

名(請按護照填寫)(英文) **Dai-Min** (中文) **大明**

舊名/別號(如有)(英文) **無** (中文) **無**

出生日期 **1990/01/23** (年)/(月)/(日) 出生地點 **中華民國（台灣） 台北市**

性別: 男 **X** 女 □ 婚姻狀況: 單身 **X** 已婚 □ 喪偶 □ 離婚 □ **填寫身分證背面之地址**

國籍(或公民身份) **中華民國（台灣）**

曾有的或另有的國籍(或公民身份) **無**

身份證號碼 **A123456789**

護照類別: 外交 □ 公務 □ 普通 **X** 其他 □ **請在「普通」欄裡打「X」**

護照號碼 **123456789**

簽發地點 **台北** 簽發日期 **2015/05/05** (年)/(月)/(日)

簽發機關 **外交部** 有效日期 **2025/05/05** (年)/(月)/(日)

赴日目的 **打工度假**

預定在日逗留日期 **2016/06/17** ~ **2017/06/17**

預定在日逗留期間 **365** 天

入境地點 **成田國際機場** 船舶或航空公司名稱 **中華航空**

申請人在日擬入住的酒店/旅館名稱或友人姓名及地址

酒店/旅館名稱或友人姓名 **東橫 INN** 電話 **03(1234)5678**

地址 **東京都台東區壽 3-19-5**

上次赴日之日期及停留期間 **2011/11/05 (5 天)**

現在(通訊)住址(如有多處居住地，請全部寫上)

住址 **台北市士林區劍潭路 13 號 2 樓**

電話 **02-2882-0755** 手機 **0911-111-111**

工作單位名稱及地址 **學生此區均填無**

名稱 **無** 電話 **無**

地址 **無**

目前的職位 **無**

*配偶所從事的職業(如果申請人是未成年人，請填寫父母的職業)
　　無

在日保證人(請填寫保證人的詳細內容)　　── 需有血緣關係

姓名　無　　　　　　　　　　　　　　　　　電話 無

地址　無

出生日期　無　　　　　　　　　　　性別: 男□ 女□ 無
　　　　(年)/(月)/(日)

與申請人的關係　無

職業和職務　無

國籍(或公民身份)及簽證種類　無

在日邀請人(如保證人和邀請人是同一個人，請寫「同上」)

姓名　無　　　　　　　　　　　　　　　　　電話　無

地址　無

出生日期　無　　　　　　　　　　　性別: 男□ 女□ 無
　　　　(年)/(月)/(日)

與申請人的關係　無

職業和職務　無

國籍(或公民身份)及簽證種類　無

*備註/其他需特殊聲明的事項(如有)　無

是否:
● 在任何國家被判決有罪?　　　　　　　　　　　　　　　　是 □ 否 ☒
● 在任何國家曾被判處一年或一年以上徒刑?**　　　　　　　是 □ 否 ☒
● 在任何國家因非法滯留或違反該國法律法規而被驅逐出境?　是 □ 否 ☒
● 因違反任何國家關於取締毒品、大麻、鴉片、興奮劑或精神藥物的法律法規被判刑?**　　　　　　　　　　　　　　　　　　　　　　　是 □ 否 ☒
● 從事賣淫活動或曾為賣淫仲介、拉客或曾為賣淫或其他與賣淫有直接聯繫的活動提供場所?　　　　　　　　　　　　　　　　　　　　　　是 □ 否 ☒
● 有過販賣人口的經歷或教唆或協助他人從事販賣人口的活動?　是 □ 否 ☒

若您曾被判刑，即使該刑罰為緩期執行，請選擇「是」　　　　　**請留空白，不要填寫

若以上問題的回答中有「是」的，請說明具體情況。

本人特此聲明: 上述填寫內容真實且無誤。本人了解入境身份及在日停留期限將在入境日本時由日本入國管理局決定。本人知悉，簽證並非授予持有者進入日本的權利，如果簽證持有者到達機場/港口時被發現屬於不允許入境的情況，亦無權進入日本。
本人特此同意: 我(通過指定的且有簽證代辦權的旅行社)向日本使館/總領館/交流協會提交個人資料。以及當需要支付簽證費時，(委託代辦機構)向日本使館/總領館/交流協會支付簽證費。

申請日期 2015/10/01　　　　　申請人簽名　王犬明
　　　　(年)/(月)/(日)

*可不填寫　**填寫交件日當天**　　　**務必親簽，切勿打字**

簽證申請中提交的任何個人資料以及追加文件所涉及的個人資料(以下簡稱「保留的個人資料」)將依照行政機關保護個人資料法(第58號法案，2003，以下簡稱「該法」)，被適當的處理。保留的個人資料僅會被用做處理簽證申請的目的以及該法中第八條款所認定的必要目的的範圍之內。

(H24.05改訂)

履歷書範例：

	年 月 日
	請填寫送件日期

履 歷 書

○申請者姓名　　　　　　性別　　　　　　年齡〔滿〕

王大明　　　　　　　　男 ⊠ ・ 女 □　　　25

生年月日(請填西元年)　　出生地　　　　照身分證背面填寫

1990 年 1 月 23 日　　中華民國 (台灣) 台北市士林區前港里 001 鄰
　　　　　　　　　　　劍潭路 13 號 2 樓

○学歷 (請填寫高中以上)

學校名稱・科系　　　　　　　　　現在的狀況

臺北市立建國高級中學	畢 業 ⊠　休 學 □
	在學中 □　肄 業 □
國立台灣大學日文系	畢 業 ⊠　休 學 □
	在學中 □　肄 業 □

○工作經歷　　　　── 年、月、日均要填寫

期間	公司名稱
2013/1/1-2014/12/31	台北君品酒店
2015/1/1- 現在職中	太雅出版社

○是否去過日本
〔若有，請註明停留期間、赴日目的、住宿地點〕

2010/11/5-2010/11/10 短期滯在 (觀光) 東橫 Inn	── 年、月、日均要填寫
2011/11/5-2011/11/10 短期滯在 (觀光) 大阪地區的旅館	

○是否曾申請日本打工度假簽證

有 □ 、 無 ⊠

回答「有」者，請註明次數
　　　　　　次

回答「有」者，請註明何時曾提出申請	沒有請空白
年 月	年 月
年 月	年 月

○特殊能力 (日本語能力檢定、日本文化或技藝方面)
日本語能力檢定 N5 及格

理由書範例：

理 由 書（希望利用打工度假制度的理由）

您好，我叫王大明，請多多指教。

對日本的情感，是一種怎麼也切不斷的羈絆。依稀記得 2010 年 11 月初次踏入京都，那年狂放的楓葉豔紅，矗立於街道兩旁的銀杏艷黃，交織描繪出秋的詩情畫意。清水寺的鐘響敲動著參拜者的心，由一百多根木柱搭建起的清水舞台，吸引了來自世界各地的旅者駐足。五彩繽紛的燈光照映在楓樹上，綻放出一片絢麗耀眼的色彩，連遠方的寶塔也顯得如夢似幻，那日的夜間拜觀使我久久無法忘懷。

第二次則造訪了熱情十足的沖繩島，戴著草帽、吃著冰淇淋，在豔陽下踏著不疾不徐的步伐，讓身影映在雪白的沙灘；夕陽西下時分在居酒屋嚐著令人食指大動的美食，那感受有如置身於人間仙境。我戀上了石垣島的海灘，戀上了悠閒自在的沖繩，更戀上了那個單純快樂的自己。

我想日本有種令人愛上了就戒不掉的癮，像是購物便利的大阪，有著琳瑯滿目的藥妝品，樣式多變的衣著服飾，冬季大折扣更會讓人

申請人簽名 王大明 務必親簽，切勿打字

理 由 書（希望利用打工度假制度的理由）

們陷入瘋狂；古色古香的京都，保留著世界文化遺產的建築，帶著神秘面紗的祇園藝妓，舉手投足間散發著優雅高貴的氣息，那是誰也無法忘卻的美麗身影。古今交錯的多元樣貌，探索永無止境。

每一次的日本旅行，都帶給我不同於以往的感動，即便是已造訪兩次的沖繩，都有新的驚喜讓我捨不得離開。我多麼期待能再度走入日本，這次不再是只有三五天就結束回台的短暫邂逅，而是計畫透過打工度假，進而深入當地體驗生活。嚐遍巷弄美食，體驗各地慶典，認識當地朋友，與他們一同品味生活的酸甜苦辣。更想再次回到地主神社，謝謝那年求到愛情「吉」籤的自己。

「清水の舞台から飛び下りる」這句日本古諺，象徵著我追尋夢想的決心，深深期盼您能給與我一次實現夢想的機會，謝謝。

申請人簽名 王犬明

務必親簽，切勿打字

計畫書範例：

計 畫 書（希望從事的活動內容）

　　我 早 已 迫 不 及 待 想 前 往 日 本 ， 因 此 若 簽 證 能 順 利 取 得 ， 我 將 於 2015 年 1 月 出 發 ， 並 以 四 大 主 題 多 加 體 驗 ：

1. 祭 典 活 動

　　日 劇 中 出 現 的 傳 統 祭 典 場 景 ， 熱 鬧 喧 騰 的 氣 氛 、 各 式 各 樣 的 小 吃 屋 台 、 穿 著 浴 衣 的 男 男 女 女 漫 步 其 中 ， 即 使 隔 著 電 視 螢 幕 也 彷 彿 能 嗅 到 獨 特 的 氣 息 ， 讓 我 欣 羨 不 已 。 因 此 ， 趁 著 這 次 難 得 的 機 會 ， 我 也 想 置 身 其 中 。 如 大 阪 三 大 祭 - 天 神 祭 、 愛 染 祭 、 住 吉 祭 。 在 牛 郎 織 女 相 會 的 夏 天 ， 參 加 七 夕 祭 ， 穿 上 漂 亮 的 浴 衣 欣 賞 東 京 三 大 煙 火 祭 - 隅 田 川 、 東 京 灣 、 江 戶 川 煙 火 大 會 ， 一 圓 兒 時 夢 想 。 冬 天 時 ， 體 驗 函 館 聖 誕 燈 節 、 札 幌 雪 祭 ， 欣 賞 雪 雕 ， 並 且 在 小 樽 點 燈 祭 時 ， 感 受 如 童 話 故 事 般 的 浪 漫 情 節 。 因 為 未 曾 見 過 雪 ， 對 於 白 雪 充 滿 幻 想 ， 在 漫 天 雪 地 裡 即 使 只 是 堆 一 座 小 雪 人 、 或 是 和 左 鄰 右 舍 邊 談 天 邊 剷 雪 ， 都 是 不 可 多 得 的 幸 福 。 也 想 搭 乘 破 冰 船 ， 擊 碎 巨 大 流 冰 ， 面 對 大 自 然 的 震 撼 。

2. 名 勝 古 蹟 與 神 社

申請人簽名 <u>卫犬明</u>

務必親簽，切勿打字

計 畫 書（希望從事的活動內容）

我想先回到地主神社還願，感謝祂為我帶來的美好緣分，並再度走訪京都古寺與多座世界文化遺產。自幼對於古老建築與古蹟很有興趣，以往卻只能從電視節目與網路圖片來欣賞，這一次的目標則是要走遍以下地點：大阪通天閣、大阪城；東京明治神宮、皇居；京都金閣寺、祇園、清水寺；還有和歌山的姬路城及熊野本宮、高野廣島的嚴島神社等世界遺產。能夠親自造訪令人嚮往已久，猶如明信片中的場景，這份感動一定是筆墨難以形容。

3. 溫泉、夜景、迪士尼

走訪尚未旅行過的神戶地區，泡著日本三大名泉之一的「有馬溫泉」，並且一探神戶夜景的美麗；然後走訪東京，感染東京時尚的魅力，造訪東京迪士尼，和卡通人物當好朋友，一圓小時後想當公主的夢想，讓童話故事不再只是出現在夢裡。

4. 美食饗宴

日本各地的地方料理，也象徵著當地特有的風土民情，除了品嚐之外，更想參加料理教

申請人簽名 王大明

務必親簽，切勿打字

計 畫 書（希望從事的活動內容）

室、或是到農田去幫忙栽種採收，感受土地的溫度、拉近與當地人的距離。例如九州的冷汁飯，有著古老農民補充體力的智慧；和歌山的高野豆腐，蘊藏源於佛教的樸實滋味；以及有世界廚房美譽的大阪，品嚐垂涎已久的大阪燒，並到京都地區，品嚐京和菓子，了解關西地區特有的庶民美食文化；當然還有在關東地區不容錯過的自由之丘，喜愛甜食的我，是一定要去朝聖的！

最後，我也會將這一年的足跡，詳細記載在部落格中，分享給同樣喜愛日本的朋友，我無法言喻我有多麼期待這一次的旅行，日本的美需要細細品嚐，用心感受後，你也會和我一樣戒不掉他；若能夠實現以上的願望，我想，用此生無憾來形容也不為過。

申請人簽名 ＿王犬明＿

務必親簽，切勿打字

領取簽證
Working Holiday In Japan

繳 交簽證申請書後，審查結果何時公布？何時開始領取簽證？需要準備哪些文件？拿到簽證後，是否須立刻前往日本打工度假？有效期限又到什麼時候？關於拿到簽證後的有效時間，你一定要留意！

審查結果
Working Holiday in Japan

簽證審查結果約莫在申請日期後一個月，以2015年為例，審查結果發表日期為：
第一期：2015/6/12(五)
第二期：2015/12/11(五)

請妥善保管受理憑單

事務所會在網站公告合格者的受理號碼，並張貼在台北、高雄事務所門口，受理號碼是在辦理簽證申請時，由事務所蓋在受理憑單上的號碼，由於領取簽證須攜帶受理憑單，若是搞丟則無法領取簽證，務必妥善保存，切勿遺失。

▲確定簽證通過者，須在領證期間至交流協會窗口領取簽證

領證期間
Working Holiday in Japan

審查結果發表後，領證期間長達1年，須在時間內領取簽證，未在時間內領取視同放棄，且日後不能再申請。以2015年申請者為例 (審查結果週五公布，六日休息，簽證統一為週一開始領)，領取簽證時間為：
第一期：2015/6 /15 (一)～2016/6/15 (二)
第二期：2015/12/14 (一)～2016/12/14 (二)

若是因為私人因素無法在領證期間領取簽證，或無法在時間內前往日本打工度假，須在領證期間攜帶「護照」、「受理憑單」以及填寫一份A4格式的「放棄說明書」，需完整寫出放棄原因，前往事務所辦理，之後還是能再度提出打工度假申請。

▲領取簽證須攜帶受理憑單，搞丟則無法領取簽證

領證時須備資料

本人自行領取	親屬代領	友人代領
申請人護照正本	申請人護照正本	申請人護照正本
受理領證憑單	代領人身分證正本	代領人身分證正本
已加入保險的相關證明（正本及影本）	雙方關係證明文件（例：戶籍謄本）	本所制式委任書正本（須由申請人填寫）
	受理領證憑單	受理領證憑單
	已加入保險的相關證明（正本及影本）	已加入保險的相關證明（正本及影本）

　　若簽證申請人有辦理快速通關（E-Gate），請親屬或友人代領時，需要加附移民署發行之出入國日期證明書正本。

■中華民國內政部移民署

http www.immigration.gov.tw

　　（點選左邊欄位的「線上申辦」→ 選擇「入出國日期證明」）

■委託書下載

http tinyurl.com/oydranf

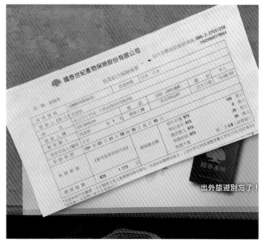

▲保險。須包含在日停留期間，萬一死亡、受傷、生病相關保險

委 任 書(Authority Letter)

　　　　　　　　　　年Y　月M　　日D

駐泰國大使

委任人（Visa Applicant）

住址（Address）＿＿＿＿＿＿＿＿＿＿＿

姓名（讀本人簽名，須與護照簽名相同）（Signature）＿＿＿

（幼兒無法簽名時，請法定代理人簽2人之姓名）＿＿＿

出生年月日（Birth Date）：　　年Y　月M　　日D

性別（Sex）：　男M　女F

連絡電話（Tel No)：＿＿＿＿＿＿＿＿＿

國民身分證號碼(外籍人士請填護照號碼)（Passport No):

＿＿＿＿＿＿＿＿＿＿＿＿＿＿

代理人（Deputy）

住址（Address）＿＿＿＿＿＿＿＿＿＿＿

姓名（Name）:＿＿＿＿＿＿＿＿＿＿

出生年月日（Birth Date）：　　年Y　月M　　日D

性別（Sex）：　男M　女F

連絡電話（Tel No)：＿＿＿＿＿＿＿＿＿

國民身分證號碼(外籍人士請填護照號碼)（Passport No):

＿＿＿＿＿＿＿＿＿＿＿＿＿＿

本人委託上述代理人行使申請日本審查及領取護照相關之權限，並遵行下述事項：

1. 簽證審查時，如有必要，本人一定親自出席。
2. 簽證審查時，如被要求追加資料，本人一定盡快提出。
3. 關於簽證審查結果，本人承擔一切責任。

▲委託書。因為台灣跟日本沒有邦交的關係，所以打工度假簽證是透過泰國發放，台灣赴日的打工度假簽證上，發證地點也是泰國曼谷

有效期限小博士

　　以 2015 年第一期 5 月申請，領證期間是 2015 年 6 月 15 日～2016 年 6 月 15 日為例。

■必須在 2015 年 6 月 15 日～2016 年 6 月 15 日之間領取簽證，並且在 2016 年 6 月 15 日以前，前往日本，逾期則簽證失效。

■假設在 2015 年 6 月 31 日領證，並且於 2016 年 4 月 10 日前，前往日本打工度假（由入國審查官給予上陸許可者），由此日起算 1 年，並於 2017 年 4 月 10 日前離境日本即可。

行前預算表

物價較高的日本，平均消費為台灣的3倍，初期抵達日本會有許多支出，一開始租屋的昂貴初期費用，加上萬一找不到工作的生活開銷，究竟需要準備多少錢才足夠？以下列出日本各城市的生活費，提供大家參考。

預算費用

Working Holiday in Japan

　　日本都市工作較多，外國人面試也較容易錄取，薪資雖然比鄉下高，但相對的生活開銷也較大，除了房租外，外食或自煮等超市物價也較高，由於初期抵達日本會有許多支出，例如辦手機、房租初期費用、生活用品採買等，加上找工作的時間，以及工作後，次月才能領到上個月的薪水，還要繳交第一個月的房租、水電瓦斯、網路費用等，建議至少準備3個月的生活費比較保險。

日本都市和鄉村的生活費表

類別/地區	東京	大阪	北海道	沖繩
住	5～9萬	3～7萬	2.5～5萬	2.5～5萬
食	2.5～5萬	2.5～5萬	2～5萬	2～5萬
生活費(前3個月)	36萬	30萬	25萬	25萬

單位：日幣

過 來 人 提 醒

省錢小妙招

　　若是想節省點，可以選擇包食宿的工作，就可以節省不少生活費，或是選擇多人合住的Sharehouse或免租金與禮金的房子，省去不少初期費用，加上三餐自煮會比每餐外食便宜一半以上。

查詢日本各地最低薪資

　　由於日本各區的最低薪資不同，建議前往打工度假前，可以先上網查詢欲前往的區域，最低薪資為多少，在找工作時可以有個基本概念。

http www.mhlw.go.jp

（進入首頁，點選「政策について」→分野別の政策一覽→雇用‧勞動→勞動基準→賃金→最低賃金制度→地域別最低賃金の全國一覽）

Japan
Let's Go!

Travel
for
Pleasure

Work
for
Experience

Working Holiday in

Japan

行 前 準 備
Preparation

出發前，要預先做哪些準備？

面對接踵而至的難題感到手足無措嗎？只要根據本篇Step by Step，除了教你如何聰明省錢買機票外，保險、住宿、兌換旅支都將輕而易舉！

飛往日本的機票

Working Holiday In Japan

前 往日本的首要任務就是購買機票,除了常見的中華、長榮、國泰、全日空等一般傳統航空外,還可以考慮票價更便宜的廉價航空 (LCC),買機票還要注意什麼事呢?

廉價航空

Working Holiday in Japan

　　LCC航空為 Low Cost Carrier (低成本航空公司) 的縮寫,又被稱為「廉價航空」。在不影響飛航安全的情況下,以使用者付費的概念,建立穩定的低成本體制,提供單純的服務,除了常見的票價、稅金外,另將託運行李、飛機餐、選位服務等機上項目逐一採取使用者付費。

　　對於座位大小、使用機上設施,如:電影觀看等服務較不要求者,強烈建議搭乘僅需半價的 LCC 航空,若臨時想要食用飛機餐,或增加託運行李件數的各項服務,再以加購的方式即可。

　　飛往日本的廉價航空眾多,平均票價約台幣 5,000 ~ 8,000,各廉價航空常有促銷價,曾下殺 900 元,甚至更低的單程票價,若及時購買,至關西機場來回票價含稅只要台幣 3,000 元就能搞定。

廉價航空官網資訊站

Jetstar★	**捷星航空 (Jetstar)** http www.jetstar.com
tigerair	**老虎航空 (Tiger)** http www.tigerairways.com
scoot	**酷航 (FlyScoot)** http www.flyscoot.com
cebu pacific	**宿霧太平洋航空** (Cebu Pacific) http www.cebupacificair.com
peach	**樂桃航空 (Peach)** http www.flypeach.com
Vanilla Air	**香草航空 (Vanilla)** http www.vanilla-air.com/tw

飛往日本的廉價航空

航空	東京 (成田)	東京 (羽田)	大阪 (關西)	札幌	福岡	熊本	沖繩	名古屋
捷星	V		V	V	V	V	V	
老虎	V		V				V	
酷航	V							
宿霧	V		V					V
樂桃		V	V				V	
香草	V							

▲單程含稅只要台幣 2,000 元的樂桃航空

行前準備

購票注意事項
Working Holiday in Japan

時間（起飛和抵達）

購買機票前除了注意票價高低外，首先要注意的是時間，包含起飛與抵達。

搭機需提前2個小時至機場報到，如早上8點的班機，應早上6點抵達機場，而抵達日本後，若是搭乘大眾運輸，應先查詢當地交通末班車的發車時間，避免有搭不到車而只能夜宿機場的情況發生。基於安全及交通上的考量，建議選擇起飛與抵達時間皆為白天的班機為佳。

機票這樣看

出發日期｜出發機場 抵達機場｜姓名｜出發日期 時間

姓名｜班機號碼

登機門｜座位｜登機時間｜班機號碼｜艙等｜座位

▲前往登機門前可以確認自己航班是否準時抵達
▲確認登機門後，就可以去登機門準備登機

▲台灣機場都有免費插座與WIFI可以使用

過來人提醒

趕不上末班車，可在機場休息室過夜

若是搭抵達機場的時間較晚，加上在機場申辦在留卡(P.68)、領取行李、排隊出關等，很可能趕不上末班電車。如果不幸又遇上飛機延遲的話，就可能得在機場留宿一晚。

其實各機場都有各種休息室的方案，旅客可以付費留在機場休息室。可依據個人喜好選擇個人房，或者是大眾休息房，依小時計算費用。每個機場休息室收費方式不一樣，但都是依時計價，如需淋浴，費用另算。

關西機場比較特別，推出專用KIX會員卡，可以在關西機場免稅店享折扣、集點、休息室半價等優惠，相當受歡迎。

KIX 會員卡

線上申辦會員
www.kansai-airport.or.jp/kc

▼個人房　　▼關西機場休息室

▲付費淋浴，￥500可洗15分鐘

▲淋浴者可向櫃檯索取吹風機，免費吹頭髮

退票改期

不論是傳統航空或廉價航空，特惠機票基本上都是無法退票與更改日期的，建議在購買機票前，請詳細檢閱機票規則，若是對於回程日期不確定者，建議可以購買一般傳統航空，可更改日期的票種，或是直接購買單程的廉價航空，避免到時更改衍生出來的手續費用。

過來人提醒

持國際學生證購票有優惠

若是前往日本打工度假，只要有就讀3個月以上的語言學校，建議可以拿著學校證明文件，辦理國際學生證，購買機票時可以選擇學生票，抵達日本後，部分設施與交通票券，持國際學生證也享有優惠折扣，詳細資訊請見國際學生證官方網站。

http www.statravel.org.tw/isic/card.asp

廉航限制

由於廉價航空是採取使用者付費機制，加上價格低廉，機票常有許多限制，包含不能退票或者更改日期、票價不含稅金、無法累積里程、行李需要另外購買等。

■ 稅金、行李

若是購買廉價航空機票，除了機票票價金額外，還得加上稅金，才是票價總額。一般購買機票，可免費攜帶7～10公斤的隨身行李，若是行李眾多者，需得另外加購行李，加購金額依照各航空公司規定。

過來人提醒

行李太多，直接加購比較划算

廉價航空的行李超重費用往往比直接加購一件行李費用的金額來得不划算，建議如果行李眾多者，可直接購買兩件行李，若是考慮到提領兩件行李，移動較為不方便者，可選擇一大一小行李箱或行李袋，抵達日本後在合併為一件行李；或可選擇在機場直接宅配到住宿地址，可選擇當日晚上或隔日任一時段配送，詳細配送資訊，依照各機場配送規定。

除了行李費用之外，若是結伴同行，可提前至機場，運氣好的話，可以請地勤人員協助將位置劃在一起；或者購買機票時，直接加購座位，坐在一起即可。

▲手提行李太重可以使用免費的行李推車

日本國內機票
Working Holiday in Japan

若是選擇的工作地點較為偏僻，可以搭乘的航空公司選擇較少，建議可以搭乘廉價航空至東京或關西等較大的機場，再轉乘日本國內航空，除了可以節省費用外，還可以現場立即領取在留卡。

▲日本國內航班多半是小型班機

行前準備

▲搭乘日本國內班機，有些機場有個別的國內航廈

▲國內班機通常不供餐，建議可以在機場便利商店買飲料與點心

▲先至看板確認班機，提早到可先在旁休息

▲行李轉盤上會顯示時間與班機號碼

日本國內機票查詢網站

SKY ★　天馬航空
🔗 www.skymark.co.jp

AIR DO　AIR DO 航空
🔗 www.airdo.jp

チケットハウスきっぷっぷ　チケットハウスきっぷっぷ トップ
🔗 kippuppu.com/reserve/result.php

Travel.jp　Travel.jp
🔗 www.travel.co.jp/soratan

國內線.com　國內線.com
🔗 www.kokunaisen.com

Jalan 航空券
🔗 www.jalan.net/airticket

H.I.S.　H.I.S.
🔗 www.his-j.com/kokunai/kanto

▲沖繩國內航廈休息區很大很寬敞

▲機場有投幣式電腦可供上網

▲國內機場也有伴手禮商店

▲抽菸可以到專門吸菸室

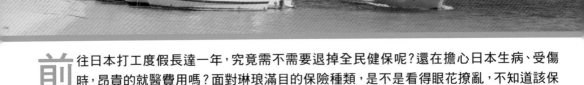

辦理保險較安心
Working Holiday In Japan

前 往日本打工度假長達一年，究竟需不需要退掉全民健保呢？還在擔心日本生病、受傷時，昂貴的就醫費用嗎？面對琳琅滿目的保險種類，是不是看得眼花撩亂，不知道該保哪一種？辦理簽證需付的保險相關證明，到底哪些保險項目符合呢？本篇將一一為你解答。

保險原因

由於日本醫療及住院費用極為昂貴，加上領取簽證時，需要攜帶在日停留期間，含死亡、受傷、生病時，能獲得保障的相關保險證明，投保種類及投保金額並無特別限定，其中需要特別注意的是，是否含「海外急難救助」之保障，避免因為情況特殊，需要使用高達 100 萬台幣以上的海外專機，而遇到負擔不起的情況產生。

▲ 可下載外交部製作的
「旅外救助指南」APP

▲ 機場都有保險櫃檯可以隨時加保

常見迷思

由於旅遊平安險符合領取打工簽證時的保險規定，領取簽證時，需要有「含死亡、受傷、生病時，能獲得保障的相關保險證明」，也就是說只要保了旅遊平安險，就符合規定，可以領取打工簽證，目前沒有規定保險證明要保多久，只保一個月也行，以旅平險來說，最高單次可以保 180 天。

但目前台灣的保險公司，針對國外打工度假的保險，沒有實質明確的保單，而旅平險在條款裡有明定是「旅遊期間」，因此即使你保了最長效期的旅平險 (180 天)，如果你在日本境內「工作」時候受傷，而非「旅遊」時受傷，有些保險公司是不理賠的，因為這部分有爭議，建議在投保前，務必再三和業務確認投保明細，千萬不要被業務給誤導了。

旅遊平安險 & 旅遊不便險

旅遊平安險，簡稱「旅平險」，顧名思義是旅遊時的平安；而旅遊不便險的保險內容，則是在旅遊期間，因為行李延誤或遺失、班機延誤等造成旅遊不便，因此在投保前，務必確認自己投保的內容。

過來人提醒

信用卡買機票附贈保險

▲台灣銀行國際學生證 VISA 金融卡

　　購買機票時可以考慮以信用卡支付費用，就可享有信用卡裡頭所附贈的保險，多半附有旅遊保險(旅遊不便險與旅平險等)，所以在搭飛機的過程中，不論是人身安全還是行李也都有保障！若是在日本打工度假期間，只要有就讀 3 個月以上的語言學校，就符合學生身分，可以拿著語言學校的證明，申請國際學生證，在日期間的相關交通，藝文設施等可享有學生身分外，還可辦理台灣銀行國際學生 VISA 金融卡，用此卡支付機票費用，一樣有附有旅遊平安險和不便險。

查詢信用卡有無保險

　　想要查詢自己的信用卡有沒有旅遊保險，可至卡優新聞網站，點選「卡比較」搜尋。

http www.cardu.com.tw/index.php

台灣健保
Working Holiday in Japan

　　若是出國長達 6 個月以上，健保可以辦理停保手續，只需要準備身分證、機票，便可以至中央健保局辦理。若是委託人代辦則需攜帶被保險人及停保眷屬的相關證件、委託書、印章，以及受託人的身分證至現場辦理。

　　辦理停保後，6 個月內不得回國，假設出國期間未滿 6 個月就返國者，需註銷停保手續，並且補繳先前停保期間的保險費，因此在辦理停保前，應自行評估是否會出國 6 個月，並且不會有返國的可能。

■ 健保理賠Q & A

　　在日本發生不可預期的傷病，在當地就醫時，不論是急診、門診治療或住院當天起 6 個月內，都可以向健保局申請「緊急傷病自墊醫療費用核退」。需要特別注意的是，由於台灣健保理賠必須在 6 個月內提出申請，若申請期限內無法回國者，可將文件寄回請家人代為辦理。

　　辦理健保理賠核退，需要準備自墊醫療核退申請書、診斷書、醫療費用收據正本、費用明細以及當次出入境證明文件影本，所以看醫生時，務必向診所、醫院等相關醫療機構，索取診斷書、收據正本及明細。

　　在日本就醫時，健保雖有理賠，但有核退費用上限，詳細資訊依照健保局最新規定。

http www.nhi.gov.tw

貼心小叮嚀

停保後無法申請健保理賠

　　如果選擇停保後出國，在國外期間不能辦理復保，也不能申請核退醫療費用，須等到返國辦理復保後，才能享有健保醫療權益，詳細資訊可至網站查詢。

衛生福利部中央健康保險署

http www.nhi.gov.tw
(選擇「一般民眾」→「投保服務」→「投、退、停、復保」

別忘了申請勞工保險補償

除了可申請台灣建保理賠外，若是在工作時候受傷，都算是勞動災害，是可以在日本申請勞工賠償。只要將收據、醫生診斷證明書收好，可向雇主詢問保險賠償，或是到厚生勞動省填寫勞工補償申請書，辦理保險補償即可。

http www.mhlw.go.jp
(進首頁後，點選「政策について」→分野別の政策一覽→雇用・勞動→勞動基準→勞災補償→勞災保險給付關係請求書等ダウンロード)

保險必備組合
Working Holiday in Japan

前往打工度假前，應先確認目前是否已投保保險，如壽險、醫療、意外險等，給付內容與款項也應再度向業務員詢問清楚，再依據不足的部分加保即可。

由於台灣健保也有給付國外醫療，在日本就讀語言學校者，也可確認學生平安保險的相關明細。善用信用卡支付機票，可以享有旅遊平安險與不便險的保障，台灣健保亦有給付國外醫療。在日本工作與就讀語言學校期間，學生有相關學生保險，而公司則會協助加保日本健保，減低在日就醫的高額費用。因此，除了確認目前已投保的保險內容外，應特別注意是否含有「海外急難救助」，若想要更多保障，可以再申請 1 年為期的意外險，讓自己的保障更加健全。

不論是工作或旅遊期間，凡是就醫時，都應該將收據證明妥善保存，並且主動索取診斷書，回台灣辦理健保以及其他保險等相關理賠。

中華民國人身保險商業同業公會專區
http www.lia-roc.org.tw
(點選「度假打工青年專區」)

最基本的保險建議組合

以下列出前往日本打工度假前，在台灣需要先保的基本險種。

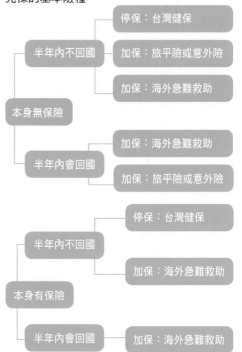

本身無保險
- 半年內不回國
  - 停保：台灣健保
  - 加保：旅平險或意外險
  - 加保：海外急難救助
- 半年內會回國
  - 加保：海外急難救助
  - 加保：旅平險或意外險

本身有保險
- 半年內不回國
  - 停保：台灣健保
  - 加保：海外急難救助
- 半年內會回國
  - 加保：海外急難救助

打工時要住哪裡
Working Holiday in Japan

由於租屋手續繁雜，加上語言不通，住宿是最棘手的問題之一，初來乍到，總需要安身之所，住宿的地方，應合乎個人的習慣與需求。本篇從租屋怎麼找，到房屋種類及租屋流程步驟，都有圖解步驟教學，帶領你一步步找到最合適自己的安身之所。

詢問代辦公司
Working Holiday in Japan

若是在日工作是透過代辦公司介紹，或者是在日本就讀語言學校者，多半可以直接向代辦公司與語言學校詢問，省去繁雜的手續，但選擇有限。因此可檢視自身狀況，例如：前3個月住宿，尋求代辦公司或語言學校的協助，抵達熟悉環境後，再自己另尋租屋處。尋求有口碑及較為知名的代辦公司，可以降低許多不必要的困擾，以及避免因為語言不同，導致不了解契約，造成誤賠大筆金額的情況發生。

雇主提供vs自己租房
Working Holiday in Japan

一般透過代辦公司協尋的工作，多半以飯店、滑雪場等大型度假村、溫泉會館等工作為主，且多半含有員工宿舍，但小型餐廳、藥妝店、速食店等，則無提供住宿。

不論是雇主提供，或是自己租房都各有優缺點，若是對衛生習慣較為注重、想要獨立衛浴，建議選擇自己租房。一般雇主所提供的住宿，可能是飯店客房，或多人房間，無客廳、無獨立衛浴等設施。

▲多人房較無隱私空間

▲員工宿舍多半為上下鋪或多人房

▲日式榻榻米房間

若是選擇雇主所提供的住宿，雖然較無隱私，但距離工作場所較近，且由於室友都是同事，較為熟悉且可快速熟絡。因為房東就是雇主，當房間家具損壞需要修理時，較有保障，不怕遇到惡房東，或有不知所措的情形發生。

需注意的是，如果換工作，須面臨自行尋找住宿的情況發生，且提供住宿的工作，多半有最低需工作 3 個月等合約簽訂，因此在簽約前，務必仔細檢視契約內容，若是無法完成合約內容，可能會有額外的違約金等情況產生。

	雇主提供	自己租房
優點	較有保障、離工作場所近、較快融入同事	私人房間及衛浴、比較自由
缺點	與他人共用衛浴、較無隱私	距工作場所較遠、較無保障

▲廚房是結交朋友的最佳場所

▲曬衣場為公共區域，若是注重隱私，內衣褲可能得曬在房間裡面

租屋怎麼找

Working Holiday in Japan

在日本租屋首先需決定要在台灣先找好，還是抵達日本在開始找？

在台灣找房子可以經由網路搜尋，部分公司還有寄送合約書與鑰匙的空運服務，優點是一抵達日本就可入住，不必再另尋飯店或旅館，增加費用產生，缺點則是選擇較少，價格相對較高，加上如果沒有親自看過房子，可能會有與預先設想落差的可能。

在日本找房子可以選擇網路預約，或是直接到不動產公司詢問，現場看房，建議詢問前，可以先上網依照想要的住宿條件搜尋。從預算上限、面積大小、房屋年齡、室內設施、租屋處距離車站所花費的時間、附近的生活機能、是否有便利商店與超市，以及所附設備還可選擇瓦斯爐或 IH 電磁爐，或是否提供乾濕分離的浴室等等條件，都可以指定。

貼心 小 叮嚀

認識房屋的英文簡稱

日本的房間大小，大部分使用疊來表示，在網站搜尋租屋時，常會顯示 1K、1LDK 等資訊，若是房屋顯示 1LDK，表示是含有一個客廳，一個飯廳，一個廚房的房屋。

L：Living Room，客廳的簡稱

D：Dining Room，飯廳的簡稱

K：Kitchen，廚房的簡稱

UB：Unit Bath，浴室的簡稱

CL：Closet，衣櫥的簡稱

WC：Water Closet，洗手間的簡稱

J：Jou，「疊」的簡稱。(1疊約1.65平方公尺)

上網搜尋 SO EASY

用日本租屋網搜尋房屋，不論是使用哪個搜尋網站，都可依照下列步驟搜尋，輕鬆選擇適合的租屋。以 HOMES 租屋網 (www.homes.co.jp) 為例：

Step 1 選擇租屋地區

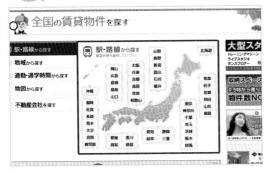

Step 2 依照交通路線圖，選擇區域

Step 3 複選站名

可複選想要的站名，或直接勾選整條線。

Step 4 輸入搜尋的檢索條件

(詳細說明請見 P.50)

Step 5 選擇喜歡的房間

依據條件搜尋符合項目，點選出自己喜歡的房間。

Step 6 聯絡房東

內有該房詳細的說明，確認無誤就可以點選聯絡鍵。

資料	① 下限なし ▼ ～ 上限なし ▼	② □ 共益費/管理費を含む	③ □ 礼金なし	④ □ 敷金なし
専有面積	⑤ 下限なし ▼ ～ 上限なし ▼	※「m²」は「平米」と同じです		

間取り	⑥ □ ワンルーム □ 1K □ 1DK □ 1LDK □ 2K □ 2DK □ 2LDK
	□ 3K □ 3DK □ 3LDK □ 4K □ 4DK □ 4LDK以上

駅徒歩分	⑦ ⦿ 指定なし ○ 1分以内 ○ 5分以内 ○ 7分以内 ○ 10分以内 ○ 15分以内 ○ 20分以内
	□ バス乗車時間含む

築年数	⑧ ⦿ 指定なし ○ 新築 ○ 3年以内 ○ 5年以内 ○ 10年以内 ○ 15年以内 ○ 20年以内
	○ 25年以内 ○ 30年以内

人気のこだわり条件	⑨ ⓐ □ バス・トイレ別 (30272) ⓒ □ 2階以上 (25522) □ 室内洗濯機置場 (30876) ⓖ □ エアコン (34166)
	□ 駐車場あり (11634) □ 南向き (18467) □ オートロック (9133) □ 追い焚き (11424)

⑩ 😊 さらに細かくこだわり条件が指定できるよ!

位置	⑪	ⓐ □ 1階の物件 (13471)	ⓒ □ 2階以上 (25522)	ⓔ □ 最上階 (13928)
		ⓑ □ 角部屋 (19393)	ⓓ □ 南向き (18467)	
条件	⑫	ⓐ □ 楽器相談 (878)	ⓓ □ 事務所可 (1144)	ⓖ □ 二人入居可 (13733)
		ⓑ □ 女性限定 (774)	□ 高齢者歓迎 (149)	ⓗ □ ペット相談可 (3631)
		ⓒ □ 保証人不要 (5820)	□ 特優賃 (特定優良賃貸住宅) (39)	
キッチン	⑬	ⓐ □ ガスコンロ設置済 (18188)	□ IHコンロ (3980)	ⓔ □ コンロ2口以上 (17961)
		ⓑ □ システムキッチン (13686)	□ カウンターキッチン (2516)	
バス・トイレ	⑭	ⓐ □ バス・トイレ別 (30272)	□ 追い焚き (11424)	ⓔ □ 温水洗浄便座 (9166)
		ⓑ □ 浴室乾燥機 (8304)	□ 独立洗面台 (15483)	ⓕ □ 室内洗濯機置場 (30876)
セキュリティ	⑮	ⓐ □ オートロック (9133)	□ TVモニタ付インターホン (11840)	ⓓ □ 管理人常駐 (183)
		ⓑ □ 宅配ボックス (4099)		
冷暖房	⑯	ⓐ □ ガス暖房 (25)	ⓒ □ 石油暖房 (1)	□ エアコン (34166)
		ⓑ □ 床暖房 (743)		
設備・サービス	⑰	ⓐ □ 都市ガス (27119)	ⓓ □ オール電化 (485)	ⓖ □ フローリング (32036)
		ⓑ □ 専用庭 (1053)	ⓔ □ バルコニー (29023)	ⓗ □ バリアフリー (120)
		ⓒ □ ロフト付き (2081)	□ エレベーター (7079)	
放送・通信	⑱	ⓐ □ CATV (19687)	ⓒ □ CSアンテナ (3386)	ⓔ □ BSアンテナ (10015)
		ⓑ □ インターネット利用料無料 (1173)	ⓓ □ ブロードバンド (19687)	
駐車場・駐輪場	⑲	ⓐ □ 駐車場あり (11634)	ⓒ □ バイク置き場あり (5186)	□ 駐輪場あり (26861)
その他	⑳	ⓐ □ ウォークインクローゼット (2340)	ⓒ □ リフォーム・リノベーション済 (1018)	ⓔ □ 家具・家電付 (776)
		ⓑ □ フロントサービス (54)	ⓓ □ デザイナーズ (1428)	ⓕ □ タワーマンション (74)
周辺環境	㉑	ⓐ □ スーパー 800m以内 (19457)	□ コンビニ 800m以内 (23303)	□ 小学校 800m以内 (12305)
		ⓑ □ 総合病院 800m以内 (10672)		

1 租金範圍

2 含共益費、管理費

3 不含禮金

4 不含敷金

5 房屋面積

6 選擇的房間構造

7 走路去車站的時間

8 屋齡

9 其他條件
a 衛浴乾溼分離 b 附停車場 c 2 樓以上 d 窗戶在南方 e 放洗衣機的空間，地板有排水孔 f 自動上鎖機能 g 含冷氣 h 再次加熱功能，若是浴缸水冷掉，會直接再次加熱

10 更詳細的條件指定

11 房間位置
a 1 樓 b 角落的房間 c 2 樓以上 d 窗戶在南方 e 最高樓層

12 其他條件
a 可彈樂器（需和房東討論）b 只能住女生 c 免保證人 d 可當公司 e 高齡者可居住 f 特別優待 g 可兩人入住 h 可養寵物(需和房東討論)

13 廚房
a 有瓦斯爐 b 一整套廚房 c 有電磁爐 d 廚房面對客廳，似開放式廚房 e 兩個爐以上

14 浴室
a 乾溼分離 b 含乾燥、冷暖風可計時的浴室乾燥機 c 再次加熱功能，若是浴缸水冷掉，會直接再次加熱 d 獨立的洗臉台 e 免治馬桶 f 放洗衣機的空間，地板有排水孔

15 公寓大門有鎖或有管理人
a 自動上鎖 b 若不在家，宅配的人會把東西放在該空間 c 視訊對講機 d 有管理員

16 冷暖氣
a 使用瓦斯的暖氣 b 地板下有暖氣 c 石油的暖氣，需要自己買油 d 空調

17 設備
a 都市瓦斯，價格較穩定，需有特定瓦斯爐 b 有私人小庭園 c 一層樓挑高 2 層 d 全部電氣化，不使用瓦斯 e 陽台 f 電梯 g 木地板 h 無障礙空間

18 電視，網路
a 特定頻道 b 網路免費 c 特定收費頻道 d 快速網路 e 特定收費頻道

19 停車場
a 汽車停車場 b 摩托車停車場 c 腳踏車停車場

20 其他
a 衣櫃 b 有管理員 c 改裝過的房子 d 設計式的房子 e 附家具與家電 f 高樓公寓

21 周邊環境
a 超市 800 公尺以內 b 醫院 800 公尺以內 c 便利商店 800 公尺以內 d 小學 800 公尺以內

委託房屋仲介

除了網路搜尋外，還可以直接委託房屋仲介代為搜尋。可以選定好自己想要住的區域鄰近的車站，例如往學校或工作的動線上，然後在車站附近搜尋不動產業者，因為一般較為小型的公司，不一定可以在網路上搜尋到，加上在當地尋找業者，可以有比較多的資訊，通常都可以立即看房，不用再額外約時間。

大部分的不動產仲介公司都在星期三休假居多，因此找房子時應避免星期三，加上3、4月是日本搬家熱潮，由於日本為春季開學，通常3、4月分會因為新工作、新學期等而造成搬家熱潮，這時候的房租通常是最貴的，因此盡量避免1～4月這段期間。在淡季時找房子，通常比較容易講價成功。

▲房屋仲介

租賃注意事項

Working Holiday in Japan

早期在日本租屋費用驚人，除了準備押金外，還需額外準備給房東的禮金、火災保險、清潔消毒費、鑰匙更換費等等，常常抵達第一個月就必須繳交將近3個月至半年的房租費用，加上如果沒有在日的保證人無法租屋；現在只要花錢請保證公司協助保證，也可以尋找免押金、禮金的房屋，若是想要半年就移動換地區者，還可以選擇已含家電，只單租一個月等短期的房屋，依據個人狀況選擇適合的房屋。

確認租房後，接下來就是簽約，如果擔心自身日文能力不好，簽約時務必有可信賴的朋友或長輩前往，由於牽涉法律條文，務必一條一條仔細閱讀，在完全理解條約內容，確認無誤後才可簽定合約，倘若無日文能力較好的友人，則可找標榜可用英文或中文溝通的仲介公司。

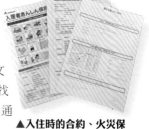

▲入住時的合約、火災保險契約書務必確認清楚

貼心小叮嚀

退租細節不可不知

租屋時簽訂合約需注意期限，要住滿多久以上、可免付違約金等。例如2年的租約，雖然簽訂2年，但合約內容記載只要住滿1年以上就可免違約金；若是未滿1年需付多少違約金等等。另外，退租須於多久前通知？部分房屋退租後，還需額外繳交鑰匙費、消毒清掃費等，要是未注意以上細節，很可能退租費用需要付上2～3個房租呢！

簽約入住後須知

Working Holiday in Japan

簽約後入住時，由於水、電、瓦斯、通訊等設備都是屬於停止狀態，需要打電話給當地的設備公司開通，備妥日常生活必要設施後，再到區役所，辦理登錄或變更住址的手續。

由於日本各地區，收垃圾的日子與垃圾分類規定均不同，因此在簽訂合約時，應仔細確認，避免因違反規則而引來爭議或罰款。

住屋處若有管理員，或房東如果住在附近，禮貌上應在搬入時前往拜訪，攜帶見面禮，留下良好的印象，當遇到麻煩時，或許會比較容易請求協助。

避免常見的六大爭議

由於身處異地，常有因為不懂當地規定或語言不通的關係，造成不必要的爭端，以下列出較為常見的爭議，在入住時，務必事先詢問，避免以下情況發生：

■ 噪音音量

由於日本出租房屋多半為木造住宅，牆壁很薄，隔音較為差，因此容易發出聲音影響到隔壁或者是樓下的人，如果有請朋友到家裡舉辦派對等，應盡量降低音量，避免打擾鄰居休息，若有樂器者，也需在簽約時詢問是否可以彈奏樂器。

■ 遲繳房租

房租必須在規定日期之前繳納，如果有多次遲繳，或是長達數月未繳等情況發生，造成房東困擾，有可能有無法續住的狀況，務必留意。

■ 與人同住在只能 1 人住的房裡

在簽定合約中通常會明定入住人數，如果是 1 人用的物件，則不能擅自讓朋友或情人入住，即使是不得已的情況，也應該先和不動產仲介公司或房東商談。

■ 垃圾分類

日本將「可燃垃圾」、「不可燃垃圾」以及「資源回收」等分得很細，不同種類的垃圾，必須在不同的日子丟棄，每個地區的規定也不盡相同，請務必遵守該區的日期與倒垃圾的地點。

▲保特瓶分類標誌　▲酒瓶跟鐵鋁分類　▲紙類分類標誌
　　　　　　　　　　標誌

▲丟垃圾前須先看仔細分類

▲不論在家或在外面都要確實做好資源回收

■ 出借名義

租屋之後如果由訂約者以外的人居住，便構成違反契約的行為，即使有熟人因某種理由無法訂租賃契約，也不能幫忙代借房屋。

■ 重建、改造

日本出租物件時，在退租時必須「恢復原狀」，亦即「恢復租借時的原貌」，因此基本上不能擅自進行改貼壁紙或釘釘子等任何「改造房屋」的行為，違者可能會需付費恢復原狀，或繳交一筆修繕費用。

專有名詞知識通

● 租金

指 1 個月的房租。

● 共益費（管理費）

部分房屋需繳交維持公共設施的管理費與共益費。就是管理樓梯、電梯等公共區域的費用，通常是每個月跟房租一起繳交。

▲▶ 廚房、交誼廳、廁所等都有專人打掃

● 禮金

承租房子時付給房東的謝禮，屬於日本獨特的慣例，一般約為 1～2 個月的租金，退租時多半不會退還。

● 敷金

敷金即為押金，也有保證金的用意，作為按時繳交房租及房屋的擔保，約為 1～2 個月的房租。如果發生租金逾期未繳，或房屋內有損壞，作為租金與修理費等，費用會在退租時，確認房屋設施是否需要裝修、清潔等，待扣除相關費用後，退還剩餘的金額。

● 仲介手料

仲介手料即為仲介手續費，在承租房子時，付給不動產業者的手續費，依照法律規定上限為 1 個月的租金，不過有些仲介公司只會要求半個月，甚至免費。

● 火災保險

在日本承租房子時，規定必須加入火災保險，大部分需一次繳交 2 年費用，未住滿 2 年者，可辦理退費，將剩餘保險天數的金額退還。

▲火災保險契約書

● 保證人

在日本承租房子時，除了少數標榜不須保證人的房屋外，大部分的不動產公司都會要求承租者須有保證人，避免租屋者在簽訂合約後，因為生病或失業等無法支付租金，若是找不到保證人，可付費尋找「代理保證人公司」協助。

● 更新費

一般套房的契約都是 2 年，契約到期想續約時，必須支付一筆更新費用給房東。

租屋種類

Working Holiday in Japan

小套房

大部分日本租屋契約是一次簽定 2 年，需要日籍保證人，且一般的小套房是沒有附任何家具的，包含書桌、床架、床墊、衣櫃等均無提供，須自行購買或上網租借，加上首月入住需繳交押金、禮金、火災保險、鑰匙更換費、消毒費等一大筆費用，通常比較適合打算在日本久待或是留學生；一般套房入住，每個月除了繳交房租外，還需繳交管理費(共益費)、水、電、瓦斯與網路費用等，若是在日本待的時間不滿一年，或是短期停留後，便移動日本其他地區的人，建議選擇免押金、禮金等初期費用的套房，像是短期公寓、Share House、週租或月租公寓會比較划算。

▶ 有附廚房的 1K 套房最受打工度假者歡迎

▲單人套房通常不大

適合外國人的租屋網站

Suumo： 免保證人

🔲 suumo.jp

(點選「賃貸物件」→ 選擇地區→點選「保證人探し不要の賃貸物件」マイナビ)

賃貸： 免敷金、禮金

🔲 chintai.mynavi.jp

(點選「入居条件から探す」→選擇「敷金、禮金 0 の賃貸物件特集」或選擇「保証人不要の賃貸物件特集」)

過來人提醒

家具不用買新的

日本租套房大多不包含家具，但床墊、電視、冰箱等大型家電每一樣都不便宜，建議可以到二手家具網挖寶，或到租賃家具的網站上租家具，最短可租 30 天，不僅節省購買大型家具的費用，簽證結束後也不用煩惱該如何處理大型家具。

租賃家具 🔲 www.kasite.com/sp

買賣二手家具 🔲 jmty.jp/all/sale-fur

Share House、Guest House

大部分的 Share House 都不需要押金、禮金、仲介費、日籍保證人等，加上 Share House 擁有自己獨立的單人房，很受外國人喜愛。由於客廳、廚房、衛浴設備、廁所皆需共用，所以隱私度較低，通常共益費(管理費)需繳交 1 萬日幣左右，但會有專人打掃公共區域，如客廳、廚房、廁所等，費用通常還包含垃圾袋、衛生紙等公共區域所需使用的生活用品，且水、電、網路費用通常會包含在共益費用內，但由於日本瓦斯較貴，部分 Share House 瓦斯費會另外算。

▲衣櫃、衣架也屬於公共所有

▲公共區域通常都相當寬敞

有些 Share House 入住時需要保證金，但比小套房的初期費用還為低廉，合約最短可簽 1 個月，最長 2 年都有，比小套房的合約期限還彈性許多，適合來日本打工度假、短期留遊學的人居住。通常住 Share House 的大多以外國人居多，除了可以增加練習日文的機會外，或許還可以透過室友的介紹而獲得不錯的工作，或是生活資訊，是一個與其他人交流、認識新朋友的好機會。

▲ Share House 每天都可以和室友一同開派對

月租公寓

　　月租公寓會附基本家具，也有獨立衛浴設備、廚房、陽台等，只需一個行李箱就可立即入住，適合在日本停留 2 年以下的人，如日本打工度假者、留學、遊學、注重隱私度與衛生習慣的人。通常以週或月為單位繳交房租，雖然沒有敷金與禮金的費用支出，在初期可節省不少費用，但仍有鑰匙更換費、網路、清潔費等費用產生，普遍租金較高，有些需要一次付清半年，甚至一年的房租，通常一次付清者，多半包含水、電、瓦斯費用；若採取每月付房租的，可能還需要在日保證人，水、電、瓦斯費均不包含，須另繳。

　　由於月租公寓多半是給留學生或外國人短期租屋所設置的，通常會有中、英文等外文專員協助，若是家中水電設備故障，也有中文專員協助修理，適合對日語能力沒有自信，在短時間內就必須立即入住的人。以下提供著名的月租公寓的管理公司參考。

Leopalace21 http tw.leopalace21.com
Weekly Mansion Tokyo http www.wmt.co.jp/twl

▲一樓未設有管理員的月租公寓

▲ Leopalace21

推薦租屋相關網站

Suumo(Share House)
內涵日本全國 Share House。
http suumo.jp
(點選「賃貸物件」→選擇地區→輸入「シェアハウス」搜尋)

SKURA House
提供東京、神奈川、埼玉縣的Share House，工作人員精通中英文等外語。
http www.sakura-house.com/jp

Hitsuji 不動產
日本國內最大Share House 情報網站。
http www.hituji.jp

國際交流協會
東京著名Share House、Guest House 網站，服務人員精通外語。
http www.borderless-tokyo.com

OAK HOUSE
東京租屋網站，中文可通。
http www.oakhouse.jp/cn

全国ゲストハウスガイド
日本全國 Guest House。
http homepage1.nifty.com/suita/guesthouse-j.htm

XROSS HOUSE
http www.x-house.jp

KHAOSAN ANNEX
http www.khaosan-tokyo.com/tw

TRUCK
http guesthousedayroom.com

學生宿舍、學生會館、學生寮

學生宿舍大部分是由學校管理的宿舍,部分學校會委託私營企業管理,一般學生宿舍為雅房,很少有單人套房,但由於價格便宜,申請不易。

學生會館則是由企業來管理經營,專門給留學生住的,性質和學生宿舍有點相似,通常均為單人房,價格也比學生宿舍貴,但相對住起來比較舒適,也都有附床、書桌等基本家具,缺點是大部分的學生會館設有門禁,加上廁所、衛浴設備必須共用,但若不想在日本住宿上花太多錢的同學,可以考慮選擇學生會館與學生宿舍。

▲多人房與雙人房通常便宜很多

▲衛浴設備通常多為共用

貼心小叮嚀

沒有學生身分,可以租嗎?

這部分的話要看房東的規定,其實並沒有限制非學生不可。如果沒有透過代辦,可以在一般租屋網搜尋到學生套房的房子,並沒有特別規定要查看學生證。有點類似在台灣要找房子,可以找到單身公寓,大學附近專門租給學生的套雅房,即使是上班族,也可以租。

學生住宿相關網站

マイナビ賃貸
http chintai.mynavi.jp
(選擇地區→輸入「学生マンション」搜尋)

SUUMO 学生マンション・学生会館ナビ
http gakunavi.suumo.jp

合租公寓

合租公寓是指 2～3 人合租一般的公寓套房一起住,性質有點類似 Share House,但最大的不同點是沒有管理的負責人,而是由合租者自行管理。通常是跟自己的同朋友、同事或同學合租一間公寓,或者上網徵一起合租公寓的室友。合租公寓住的環境通常會比 Share House 好,房租、水、電、瓦斯與網路費又可以和大家一起分攤,價格較為低廉,可以省下較多的支出。

マイナビ賃貸 ルームシェア特集
http chintai.mynavi.jp/kanto/special/roomshare

貼心小叮嚀

合租夥伴上網找

若是想住合租公寓,但無法湊齊人數,現在日本也有專門上網找室友的分租網站,可以在上面搜尋看看有沒有合適的房子與室友。
http roomshare.jp

租屋類型優缺點比較

	優 點	缺 點
小套房	1. 自由度較高，無門禁	1. 可能需另外購買家具與電器用品（部分房屋有含基本家具與電器）
	2. 在日本待超過 1 年以上，初期費用長期平均下來，可能較划算	2. 需要支付敷金、禮金等初期費用（可選擇免敷金、禮金的房屋）
	3. 可依照個人喜好挑選	
	4. 隱私度較夠，不用與他人共用客廳或衛浴設備	
	5. 需日籍保證人（可選擇免保證人或找保證人代理公司協助）	
月租公寓	1. 通常有中、英、日文翻譯人員	1. 多為單人套房，較難認識新朋友
	2. 租屋有專人管理，房屋較新，清潔度較佳	2. 租金多半較高
	3. 多半含簡單家具，可直接入住	
	4. 遍及日本，市區據點多，交通方便	
	5. 著名 Leopalace21 公司在台北也有服務據點	
Share House、Guest House	1. 地區多位於觀光或市區，交通便利	1. 多為雅房，需和他人共用衛浴設備
	2. 不需敷金、禮金，房租多含水電、網路、清潔費等	2. 人員出入較為複雜，安全上需要多加注意
	3. 可按月或按週付租金	
	4. 多為外國人居住，容易交到朋友，大部分均有中英文翻譯人員	
	5. 附簡單家具	
	6. 有些提供免費或付費使用的腳踏車	
學生會館	1. 房租便宜	1. 設有門禁，較不自由
	2. 通常位於學校附近，交通便利	2. 房間多半較為狹窄，且多為雅房
	3. 附簡單家具與電器用品	
	4. 室友均為同學，容易交到朋友	
	5. 多與學校管理或合作，較不容易被騙	
合租公寓	1. 室友多半為熟識的朋友	1. 容易產生不合糾紛
	2. 能減少一個人居住的不安與孤單	2. 若有人中途搬家，會加重房租分擔
	3. 只要遵循約定好的生活規則，自由度算高	
	4. 大家一起分擔費用，平均費用較低	
	5. 可選擇的租屋條件較多	

租屋的流程與步驟

以下是在日本租屋的簡易流程，幫助你快速了解在日本租屋的一切程序。

 Step 1 事先設定好條件

首先一定要先想好自己想要住在哪裡，什麼樣的房間，包含將地點、房間面積、設備、房租上限、周遭機能等條件事先列出來。

 Step 2 找房子

直接上日本租屋網站尋找，或委託房屋仲介公司，請房仲介紹。也可以先在租屋網站用預先設定的條件搜尋，心裡有個底後，再請房仲人員介紹，比起直奔房屋仲介公司，更加有效率，可以快速找到符合期望的房間。

由於日本的租屋網站可輸入房租、房間大小、設備等條件來搜尋，還可以設定禮金、敷金免費、外國人可租賃來做更精確的搜尋，看到喜歡的房間，可以直接透過網站跟仲介公司聯絡，或是自行預約參觀。

 Step 3 參觀房間

如果有看到喜歡的房間，務必親自去看房子，才能真正了解實際情況。有些房仲業務會催促客人趕快把房間訂下來，如果實際參觀後不喜歡，一定要直接拒絕，千萬不要因為不好意思而糊塗簽約。除了檢查房間室內明亮度、通風、空間、安全以外，也要觀察附近的生活機能，有沒有便利商店、超市，距離車站需走幾分鐘的路程等等。

 Step 4 申請入住

決定房間後，將資料備妥，準備簽約，申請入住手續。簽約時，要仔細詳閱合約內容，有任何不清楚的地方，一定要在簽名、蓋章之前跟房屋仲介公司確認清楚，特別是一些但書或是補充的部分。

 Step 5 入住準備

入住日確定後，要盡快跟仲介公司聯絡，拿鑰匙的時候，一定要請房仲人員一同前往房間，確認房間內部的情形。為了避免退租時不必要的糾紛，房屋內有損壞或是髒汙的地方，一定要立刻記錄下來，並且拍照存證，照片上記得要顯示入住日的日期。

 Step 6 開通水電瓦斯

瓦斯：必須事先跟瓦斯公司聯絡，約好時間請瓦斯公司派人來家裡開通。由於本人一定要在場才能進行瓦斯的開通，建議在入住一個禮拜前聯絡瓦斯公司，可以在日本瓦斯協會的網站上查詢租屋處屬於哪間瓦斯公司管轄，再打電話或用網路預約開通。

電：可透過電話、網路來辦理開通手續；或向該區所屬之電氣公司索取「電氣使用申請書」，填好姓名、地址、開始使用日，並投入郵筒寄出。

水：可透過電話、網路來辦理開通手續；或向該區所屬之水道公司索取「水道使用開始申請書」，填好後，投入郵筒寄出即可。

 Step 7 退租

要退租時，要在合約上所規定的期限前（通常是1、2個月前）聯絡仲介公司或房東，退租日的前一個禮拜，必須將水、電、瓦斯都解約，為了避免發生糾紛，退租時一定要請房仲人員或是房東來檢查房間。完成解約後，通常敷金會全數退還，但如果房間內的設備有損壞的話，會先扣除修理費用後再退還剩下的敷金。

行李打包相關規定

Working Holiday In Japan

打包行李是出發前最重要的學問之一，對於即將展開一年的異地生活，思考哪些是必備物品，哪些東西可至當地購買的東西？本篇提供清單項目參考，另包括注意託運與手提行李的相關規定，及遇到行李遺失與損壞怎麼辦？

行李物品清單

Working Holiday in Japan

一般出入海關可隨身攜帶一個包包與手提一件行李，建議可以手提筆電包，並背一個隨身包包放置貴重物品與文件，可參考斜背式或後背式。

▲善用夾鏈袋與壓縮袋節省空間　▲後背包

參考物品清單

檢查	物品	說明
	生活用品	
	肥皂、洗衣粉	可用夾鍊袋裝一些洗衣粉，到日本再買
	刮鬍刀	可帶拋棄式，日本購買電器用品相當便宜
	購物袋	部分超市購物袋須付費
	塑膠袋	可裝穿過的衣物或乳液等容易流出的液體
	餐具	百元商店均有販賣，如有個人慣用可自行攜帶
	衣夾、繩子	百元商店均有販賣，擔心初抵達的一週無法購買，可先攜帶少量前往
	食品	
	泡麵	有寫到「牛」、「豬」、「肉」的均不可攜帶，凡是肉類均不得攜帶，泡麵可考慮辛拉麵、維力炸醬麵
	餅乾	舉辦派對，結交朋友的祕密武器
	沙茶醬、雞湯塊	炒飯、炒菜超好用，是在當地舉行Party時，代表台灣味的食材之一
	醬油、維力炸醬	日本醬油多半偏甜，中華超市販賣的調味料價格較高
	鳳梨酥	代表台灣的甜點，連日本人相當愛吃
	其他物品	
	配件	圍巾、手套、帽子、皮帶、太陽眼鏡 (日本太陽超大)
	小禮物	明信片、春聯、代表台灣的鑰匙圈、有字的紅包
	髮夾、髮圈	鯊魚夾、髮圈、小黑夾、髮箍
	口罩、眼罩	搭飛機、住青年旅館都相當實用
	拍立得、底片	可隨手拍，在照片寫上日期與簽名當成小禮物送人

必備行李清單

檢查	物品	說明
	證件資料	
	機票	去程與回程訂位代號
	護照	有效期 6 個月
	保險資料	依各保險公司資訊為主
	台灣駕照與日文譯本	在日本租車，開車必備
	緊急聯絡資訊	
	2 吋大頭照 2 張、1 吋大頭照數張	履歷表與在日辦證件需要
	信用卡	先和銀行確認已開通海外刷卡
	日幣	大額鈔票可放腰包
	役男申請單	男生需要
	其他證件	國際學生證、青年旅館卡
	電器用具（電池類不能放在行李箱託運）	
	手機（電池、充電器）	國際漫遊費率昂貴，可多使用免費通話 App
	相機（電池、充電器、記憶卡）	
	筆電（充電器、隨身碟）	可單獨拿筆電包，過安檢 X 光機需取出放置塑膠籃檢查
	行動電源	需隨身攜帶，不能放行李箱託運
	盥洗用品	
	沐浴用品(洗髮精、沐浴乳、護髮乳)	可帶旅行組，用完在日本當地購買
	牙刷、牙膏	用完可至百元商店購買
	毛巾	建議攜帶兩條，可供替換，舊了可當抹布，或到了日本再買
	化妝品	依據個人慣用品牌，日牌化妝保養品，價格比台灣便宜許多，可至日本購買
	卸妝品	
	保養品	日本天氣乾燥，護唇膏與乳液必備
	衣物用品	
	外套	請依季節選擇保暖度
	上衣：_____ 件	
	長褲：_____ 件	
	短褲：_____ 件	
	內衣褲：_____ 套	
	襪子：_____ 雙	
	鞋子：_____ 雙	
	拖鞋	
	眼鏡、隱形眼鏡、保養液	
	購物袋	
	常備藥品	
	個人用藥	依照個人需求
	常備藥（腸胃、感冒、退燒、止痛）	若為醫院診所配藥，需附處方箋

海關規定

Working Holiday in Japan

入境時都必須填寫兩份表格，一份是入境表格，一份是日本海關申報表，若是空姐忘記給你，請記得向空姐索取中文版本。除了肉類物品、水果等食物不得攜帶之外，入、出日本，身上不得攜帶超過美金1萬元、日幣100萬元的現金或旅行支票，若超過須另外申報，未申報遭查獲時，將沒收或罰款。

日本海關規定網站

http www.customs.go.jp

（選擇「海外旅行の手續」→「入國時の税関手続」→「支払手段等の携帯輸出入の手続」）

海關申請單

▲填寫海關申請表務必據實以答，若被海關查獲不實，除了沒收之外，還會留下不良紀錄

▲可在行李箱外貼標籤做記號，掛上有中英日文連絡電話與地址的名牌，萬一行李遺失，方便航空公司找尋

▲ 如果攜帶的是¥100萬以上的現金，或是與其等值的支票和有價證券時，則必須向海關申報

入境表格範例

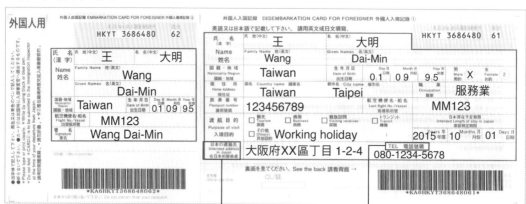

已確定租房請填住所地址，未確定者填飯店、旅館住址

若無日本電話，請填飯店電話

背面需簽名，填寫攜帶金額

手提行李

- 飛航安全檢查規定,手提行李中液體及噴霧類物品不得超過 100 毫升 (ml),如食鹽水、乳液、防曬噴霧等,均需分裝,且需放在透明夾鍊袋中;或放置託運行李。
- 手提行李件數與重量,依照各航空公司規定辦理。如樂桃航空限定一人手提兩件行李,重量加總不得超過 10 公斤,尺寸之長寬高總和不得超過 115 公分。
- 鋰電池、行動電源等需放置手提行李隨身攜帶,不得放置託運行李。

託運行李

- 託運行李件數與重量,依照各航空公司規定辦理,部分航空需額外加買託運行李,如樂桃航空,限定託運行李不得超過 20 公斤,20～32 公斤則比照超重行李辦理,需額外支付行李超重費;機場櫃檯只接受信用卡付款,無法選擇現金交易。
- 剪刀、指甲剪、打火機、液態物品都必須託運,不可放置隨身行李。
- 若是攜帶髮膠、香水、含酒精藥品等,每件不能超過 0.5 公斤,總重量不能超過 2 公斤,香菸則不能超過 200 支,酒類以 1 瓶 760 CC 計算,不得超過 3 瓶。

▲ 液體物品都要放進行李箱託運

▼衣服用捲的比較節省空間

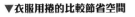

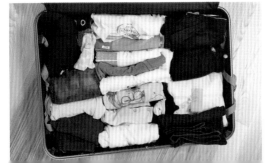

行李損壞怎麼辦

建議在託運行李前先拍照存證,而之後提領行李的當下就須立刻檢查是否有損壞,並向工作人員立即反應,部分航空公司會送修行李,或是填寫行李損壞表格,請旅客自行處理,旅客在限期內將收據寄回航空公司,就會收到航空公司的支票,直接去銀行兌換或至 ATM 存入支票即可。

行李遺失與損壞

Working Holiday in Japan

行李遺失怎麼辦

若在行李運轉盤上找不到自己的行李,先去看板查詢是否走錯區,若還是找不到行李,可至失物招領處詢問,可能是運送過程行李受損,被放置在失物招領處。

若在機場航廈內或機艙內遺失物品,可洽詢各機場的服務處;或直接寫 E-mail 詢問,信件內容需註明遺失物品的名稱、大小、顏色,以及聯絡電話、姓名;或可向服務人員求助,填寫飛行路線、行李件數等資訊,靜候通知。若在超過 3 個禮拜未找回,則由航空公司負責理賠,金額由航空公司賠償限額而定。

以樂桃航空舉例:
E-mail 信箱:kixcbs@flypeach.com
E-mail 主旨:【遺失物品協尋需求】航班編號/日期,遺失物品名稱

貼心小叮嚀

刷卡購機票附行李遺失險

若是用刷卡購機票,部分的信用卡公司含有行李遺失損壞險,詳細內容可至該信用卡公司的網站上查詢。

前往日本需備多少錢

Working Holiday In Japan

日本薪資大多每月發放一次，結算日常在15、20日，依照各公司規定，有部分公司會2週結算一次，所以出發前建議準備至少2個月的生活費，約台幣10萬元的錢在身上較為保險，由於在日本使用塑膠貨幣相當頻繁，攜帶太多現金有失竊的風險，建議一到日本盡快開通郵局或銀行的戶頭，先把現金存起來較為保險。

現金

Working Holiday in Japan

由於日幣1萬元在日本屬於面額較大的鈔票，有許多店家無法找開，甚至拒收，且部分小型車站售票機台，不接受1萬元的大額鈔票，因此兌換日幣時，盡量換小額鈔票，面額1千元較常使用，也要記得多準備100元的零錢，因為像是置物櫃、販賣機等投幣式機器在日本相當普遍。

查詢匯率看這裡

點選日幣外匯，台幣兌換日幣請看「現金賣出」，台幣購買旅支請看「即期賣出」。
http www.taiwanrate.org

貼心小叮嚀

至少準備10萬的生活預備金

假設10/1一到日本一週內就找到工作，但由於公司在每月20日結算薪水，也就是11/20才能領到10月的薪水(10/20結算的是9月分的薪水)，若是在都市三餐自煮，可將伙食費控制在3萬日圓左右，再加上交通費與房租及其他雜費等，建議至少攜帶換算台幣約10萬元的日幣在身上比較保險。

旅行支票

Working Holiday in Japan

旅行支票在日本視同現金，在機場入境大廳、當地銀行、各大商場櫃檯均可使用，在都市相當普遍，若是選擇較為鄉下地區的人，也可至當地郵局兌換，相當便利。由於現金會有失竊的風險，使用台灣的信用卡，除了手續費外，還有匯率的風險在，所以兌換旅支是個不錯的選擇。

只要帶著身分證與護照，到販售旅行支票的銀行辦理即可，如：台灣銀行、兆豐銀行；拿到旅支時記得記下每一張旅支的支票號碼，將旅支與購票證明分開存放，若是不幸遺失旅支，只要寫下支票號碼與購票證明一同申請掛失，再補發即可。

兆豐銀行的日幣旅支最大面額為5萬日圓，台灣銀行則為1萬日圓，匯率依照各家銀行而定，由於旅支匯率往往比現鈔匯率還要優惠，建議可多加利用。

▲部分機場有外幣自動兌換機　　▲部分郵局提供兌換旅支

購買日幣旅支

除了至銀行購買外，兆豐銀行可以直接線上購買旅支，若是沒有兆豐銀行帳戶，可以選擇 ATM 轉帳購買。

先在網路銀行下單取得轉帳號碼，並於 2 小時內至ATM 轉帳，每日上限為10 萬日圓，轉帳成功後需在當日下午5 點前，至銀行「國外匯兌」區領取旅支。由於不是每一間兆豐分行都有提供日幣旅支，建議先致電或線上詢問，避免白跑一趟。

若是購買旅支面額超過600 美元以上，可以免費獲得台幣100 元國際電話卡一張，每個月上限為 4 張，建議兌換時可主動提醒行員。抵達日本後，直接上郵局官網，在關鍵字輸入「トラベラーズチェック」，查詢提供兌換日幣旅支服務的郵局，開戶並存入即可。

購買旅支及查詢

兆豐國際商業銀行
🔗 www.megabank.com.tw/index.asp
（點選「個人金融」➔國外匯兌業務➔網路結匯，購買旅行支票或外幣現鈔，機場取票服務➔立即購買）

ゆうちょ銀行（查詢可兌換日幣旅支的郵局）
🔗 www.jp-bank.japanpost.jp
（「ホーム」➔「個人のお客さま」➔「便利につかう」➔「海外関連サービス」➔「外貨両替・トラベラーズチェック取扱店（局）の検索」）

日語小老師

我想要兌換旅行支票。
トラベラーズチェックを現金に両替したいんです。

請給我一些小面額的錢。
小 も混ぜてください。

信用卡
W o r k i n g   H o l i d a y   i n   J a p a n

在日本使用塑膠貨幣相當普遍，除了信用卡外，還有當地銀行如三菱東京 (UFJ) 等提供的 Debit 卡，刷卡直接扣除帳戶金額。若是使用台灣帶去的信用卡，須先打電話向信用卡公司說明即將出國，開啟國外刷卡的功能，避免到時遭到信用卡公司鎖卡，還得額外打國際電話解鎖。刷卡時，匯率依當下的匯率計算，還會有國際刷卡手續費，詳細資訊依照各信用卡公司而定。

由於在日本使用信用卡相當普遍，無論是逛街、購物、還是住宿，只要店內有標示信用卡公司的標記，如 VISA、JCB 等就可使用。部分大型商場，如 BIC CAMERA，還推出刷 VISA、MASTER 卡可額外享有 5% 折扣等優惠，不僅省去攜帶大量現金風險，享有折扣，還可額外賺取信用卡公司點數，兌換贈品或折抵金額等多種優惠，一舉數得呢！

跨國提款
W o r k i n g   H o l i d a y   i n   J a p a n

確認金融卡上面有 Cirrus 或 Plus 的符號後，須先向銀行申請啟用跨國提款的功能，才可以在日本領錢。抵達日本時，只要在 ATM 上看到 Cirrus 或 Plus 的符號就可以提款，密碼為當初設定的「磁條密碼」，大多為4 碼，和在台灣提款時所使用的 6 ～ 8 碼的「晶片密碼」不同。

▲需有相同標誌的提款機才可提款

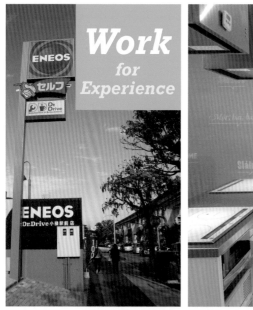

Work
for
Experience

Japan
Let's Go!

Travel
for
Pleasure

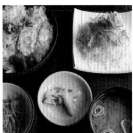

Working Holiday in
Japan

抵 達 日 本
Joining the community

抵達生活，必辦文件與須知？

抵達日本開始工作時，許多重要事項需一一辦理，包含最迫切的在留卡申請、登陸地址、銀行開戶與辦理手機網路等，本篇將一一為您解答。

通過海關

Working Holida

抵達日本後，海關看到打工度假簽證，會詢問是否是來打工度假，若是只是短期來觀光，則務必回答觀光，使用觀光簽證入境即可。一旦日本打工度假簽證開啓後，就開始倒數 365 天的打工度假效期。

▲期限 1 年的上陸許可

開啓打工度假簽證後，海關會在護照上貼上上陸許可，在留資格上標記的是「特定活動」，這張上陸許可是接下來 1 年內不限次數進出日本的資格證明。此外，海關會釘上工作指定書，證明含有工作資格身分，才可以在日本合法工作，應徵工作時，部分公司會要求出示工作指定書，務必妥善保管。

接下來最重要的 4 件事情，就是辦理外國人登錄 (在留卡)、加入日本健保、日本銀行開戶、辦理手機網路。

外國人登錄

Working Holiday In Japan

自 2012 年開始，由於日本實施新的在留管理制度，分爲下列兩種：

■ 由成田、羽田、中部、關西、新千歲、福岡、廣島機場入境者：

海關會直接幫你辦理外國人登錄手續，可直接在機場領取在留卡，確認在留卡上的照片、在留期間、在留資格、國籍、出生年月日等各項資訊無誤，在 14 天內攜帶在留卡到居住地的市 (區) 役所填寫在留卡登錄地址申請書 (P.70)，完成登錄地址的手續。

■ 由其他機場及港口入境者：

入國審查官在護照上加蓋上陸許可章後，會在上陸許可章旁註記「在留卡日後交付」的說明，入境後，請於抵達日本後 14 日內，攜帶護照與大頭照，至住家附近的市 (區) 役所辦理外國人登錄，並填寫在留卡登錄地址申請書 (P.70)，完成登錄地址的手續。在留卡會在 7 ～ 10 天內用郵寄的方式寄出。

由於在留卡等同於外國人在日本的重要身分證件，舉凡辦理手機、銀行開戶等都需要使用，因爲無法立即拿到在留卡，可以額外繳交文件費用 (約 ¥300)，申請「原票證明」，使用原票證明辦理手機與銀行開戶。

外國人在留管理制度

詳細資訊可至日本入國管理局網站查詢：

http www.immi-moj.go.jp

(可選擇「中文」→點選「新的在留管理制度將開始實施！」)

相關問題，可洽外國人在留綜合諮詢中心：

☎ 0570-013904；IP 電話、PHS、國際電話：
03-5796-7112

過來人提醒

最好先在機場領取在留卡

　　抵達日本後須在 7 天內拿到在留卡，14 天內去市 (區) 役所登錄地址，加上需有在留卡才可辦理手機與銀行開戶，如果前往日本打工度假的第一站較為偏遠，考慮時間與前往區役所的交通距離與費用，建議可以直接選擇東京或大阪關西機場作為首站，可以現場領取在留卡，再轉乘日本國內航空抵達打工場所即可。

查詢市 (區) 役所步驟

Step **1**
上網搜尋
先至日本奇摩網站 (www.yahoo.co.jp)，搜尋市 (區) 役所。

Step **2**
輸入市 (區) 役所名稱
輸入中文搜尋即可：大阪鶴見区役所。

Step **3**
選擇「中文」
網頁右上方有中文服務。

Step **4**
點選「區役所資訊」
點選區役所資訊查看地點、時間。

Step **5**
前往辦理
遵循網站轉乘資訊，攜帶護照、照片前往市 (區) 役所辦理在留卡。

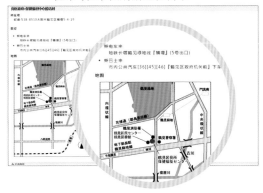

■ 辦理在留卡

由於入境後 14 天內一定要辦理登錄手續，若是沒在期限內辦理，可能遭到拘役、罰款，嚴重者甚至遭送回國，建議盡快辦理。若是尚未找到合適的租屋，可先填寫目前居住的地方，如朋友家或旅館先登錄，等到確認新的住址後，再至原先登錄的市 (區) 役所辦理轉出，然後至確認新地址的市 (區) 役所辦理轉入。

在留卡資訊變更

若是搬家，住址與在留卡上登錄不同，需在搬家後的 14 天內至市 (區) 役所辦理原戶籍遷出，新戶籍遷入。

在留管理制度完整 PDF 檔案下載：
http www.immi-moj.go.jp
(可選擇「中文」→點選「新的在留管理制度將開始實施！」→選擇「PDF Download (4.8MB)」下載)

在留卡登錄地址申請書

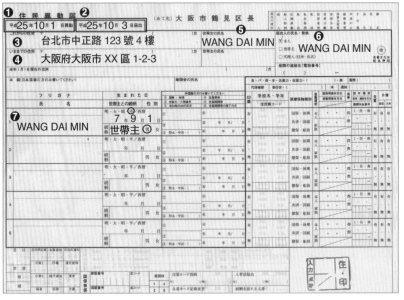

1 來日本的日期
2 來區役所的日期
3 台灣地址
4 現居日本地址
5 世帶主 = 戶長，可填自己名字
6 勾選本人，並簽名
7 填寫在留卡上的名字

在留卡需登錄地址

▲正面

▲背面會登錄居住地地址

抵達日本

▲區役所拿號碼牌，填寫轉入表格

▲約莫 10 分鐘就可領取登錄完成的在留卡

貼心小叮嚀

超重要！必填的「再入國申請」

在日本打工度假期間，可無限次數自由進出日本，但每次在日本機場辦理出境手續時，必須在出境櫃檯旁填寫「再入國申請」表格，並與在留卡一同交給海關審查，若未填寫表格，離境日本後，也代表打工度假的在留資格結束了。

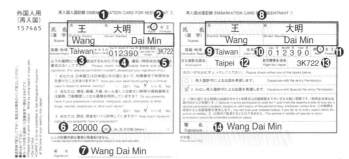

1	中、英文姓名	5	搭乘航班	8	中、英文姓名	12	目的地
2	性別	6	你現在有多少	9	國籍	13	搭乘航班
3	國籍		現金	10	出生年月日	14	簽名
4	出生年月日	7	簽名	11	性別		

加入日本健保

Working Holiday in Japan

在日本長期居留的外國人，居住滿 1 年以上，一律必須加入公家辦理的醫療保險，但由於打工度假簽證為 1 年，屬於模糊地帶。在日本公家機關的醫療保險分為 2 種，一種是任職公司等事業單位的人所加入的健康保險，另一種是自營或無職業者的國民健康保險，只要加入公家辦理的醫療保險，在日本看醫生只需負擔醫療費用的 30% 即可。

如何辦理

到區役所辦理在留卡外國人登錄時，通常服務人員會詢問是否直接辦理健康保險，若是服務人員尚未詢問，也可直接到「保險年金課」辦理日本健保。辦理日本健保需要攜帶在留卡、護照，若有學生證務必攜帶辦理，由於每個地區所繳交的健保費用不同，如果是學生或是沒有收入者，請洽詢窗口的服務人員辦理減免手續，繳交的健保費用會比較少。

▲日本健保卡
圖片提供／邱沛寶

辦理銀行帳戶

Working Holiday in Japan

在留卡與健保卡辦理完成後，可先至銀行開戶，將身上的巨額現金都先存入，避免遺失。若是身上有旅行支票，可先上網查詢住家最近的銀行是否可兌換旅支，並將旅支連同現金一併存入。

日本銀行開戶規定較為嚴謹，除了開戶分行須在住家或公司附近，部分銀行規定外國人須在日本住滿6個月以上才能開戶，若行員提及此項規定，已有工作者可回答此為薪轉帳戶；就讀語言學校者，務必攜帶學生證以供查驗；若是無工作與學校者，可向行員提出需要繳交房租，增加開戶成功率。

由於在日本開戶各銀行標準不一，即使同一間銀行，相同問題會得到不同答案，建議多多嘗試，先從住家、公司或學校附近的分行開始，增加開戶成功率。

過來人提醒

先使用郵局戶頭，再到銀行開戶

若是身上現金過多，建議先辦理郵局戶頭，不會有「須在日本住滿6個月」的規定。

各家郵局發放金融卡與存摺的時間不一，建議將現金存入前詢問清楚，避免將全部現金都存入，導致接下來幾天現金不足，無法提領的情況發生。

由於郵局屬於封閉系統，無法由國外電匯至郵局戶頭，建議辦理好郵局戶頭後，還是要額外辦銀行戶頭。

準備資料

日本銀行開戶須準備在留卡、日本健保卡、護照、印章，若有學生證或工作證，請一併帶去以供查驗。開戶填寫的申請表格，會有學校或公司的聯絡方式，包含名稱、地址、電話等，務必記得準備齊全，避免現場無網路與電話查詢，而白跑一趟。

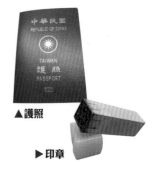

▲護照

▶印章

如何選擇銀行

日本銀行眾多，除非確定會固定在一個地方待一年，若是移動頻繁者，建議開戶銀行選擇日本全國都有的三大銀行(三菱東京UFJ銀行、三井住友銀行、みずほ銀行)，或是可免費在7-11提款的新生銀行較為方便。

在日本除了一般有店面的實體銀行外，還有未設店面的專業網路銀行，各家提供的服務項目與費用均不同，尤其是使用ATM提款，即使是原銀行ATM提款，只要在銀行規定時間外提領，也須支付￥105～210的手續費，而部分銀行有提供每月可免費幾次在規定時間外提領，但免手續費的服務，詳細資訊依照各銀行規定而定。

▲日本各地都有許多小型地方銀行

貼心小叮嚀

開戶需填日本手機碼

開戶有項個人資訊需要填寫日本手機，若有日本友人或學校老師等其他可供聯絡電話，可先暫為填寫，等到手機辦好時再修改即可。

實體銀行

■ 三菱東京 UFJ 銀行

由東京三菱銀行與 UFJ 銀行合併而成，屬於目前日本資產最龐大的三菱 UFJ 金融集團旗下，也是日本最大的銀行，銀行的信用評等與穩定度都是最好的，且分行眾多，平日的 08:45～18:00 在 ATM 提款免手續費，也可免費申請網路銀行（三菱東京 UFJ Direct），24 小時隨時都可轉帳，手續費也比較便宜。

🔗 www.bk.mufg.jp

■ 三井住友銀行

是由住友銀行與三井財閥的櫻花銀行合併而成，是目前日本的三大銀行之一，分行眾多，在地鐵站常可見該銀行提款機，是日本打工度假選擇之一。

🔗 www.smbc.co.jp

■ みずほ銀行

屬瑞穗金融集團，是日本的商業銀行（都市銀行）之一，和三菱東京 UFJ、三井住友銀行並列日本 3 大巨型銀行。

🔗 www.mizuhobank.co.jp

■ 新生銀行

新生銀行相對於其他銀行，對外國人開戶的規定較寬鬆，只要備妥開戶所需文件，很少會有拒絕的情況發生。加上新生銀行有許多會說英文的行員，相當適合對於日文溝通沒有信心的人。

由於新生銀行沒有提供存摺，開戶時僅提供提款卡，完成開戶手續後可立即收到提款卡。若是線上開戶，大約一週就會收到提款卡、網路銀行密碼卡與使用手冊。

除了對於外國人開戶較寬鬆外，也免帳戶管理費用。由於新生銀行分行較少，除了可在全日本便利商店 (7-11)ATM 提款、24 小時免手續費外，也可依照帳戶存款餘額的多寡，提供網路跨行轉帳，每月 1～10 次免手續費，相當適合用來轉帳每個月的房租費，因為日本的轉帳手續費 1 次大約￥105～840 不等，免手續費可省下不少錢。

🔗 www.shinseibank.com

過 來 人 提 醒

使用 ATM 需負擔手續費

在日本使用 ATM，只要是在規定的時間外進行提款、存款、轉帳等服務，都必須負擔手續費（若只是查詢餘額則不用）。大部分銀行提款免手續費的時間，大多在平日的 08:00～18:00，休假日則無提款服務，建議開戶後須特別留意提款時間與可提款地方。

網路銀行

除了一般銀行所附設的網路銀行外，日本還有專業的網路銀行，由於沒有實體店面，存款利率較高，各項手續費也很便宜，開戶只需線上辦理，不需專程跑一趟。

■ じぶん銀行

由三菱東京 UFJ 銀行和手機業者 au 共同經營，也是日本國內唯一能開人民幣帳戶的銀行。由於沒有實體店面和自己銀行的 ATM，所以不需支付帳戶管理費，結清帳戶時也免手續費。可透過手機、電腦、郵寄申請書等方式開戶，需要注意的是，不管選擇何種方式開戶，沒有手機號碼就不能辦理。使用三菱東京 UFJ 銀行及 Seven Bank 的 ATM 提款，每個月可享 3 次免手續費。有任何交易，帳戶都會以 E-mail 通知，相當清楚且方便。

🔗 www.jibunbank.co.jp/account

■ 住信 SBI Net 銀行

由三井住友信託銀行和 SBI Holdings 共同經營，不用帳戶管理費，曾獲選為 2011 年顧客滿意度第一名的專業網路銀行。雖然沒有實體店面，但在全日本的便利商店的 ATM 皆可提款。要是選擇在 Seven Bank 的 ATM 提款，更享有 24 小時免手續費服務 (但存款等服務仍需手續費，見 P.73)。

🔗 www.netbk.co.jp/wpl/NBGate

貼心小叮嚀

網銀不提供海外匯款功能

由於大部分的專業網路銀行都沒有海外匯款功能，若要接收海外匯款，還是得使用有實體店面的三大銀行較為方便，建議要到銀行開戶前，確認各銀行與網路銀行的服務項目，包含手續費，選出最適合自己的銀行。

▲ 使用 Debit Card 消費，帳戶有多少就可刷多少

▲ 網路銀行會有專門的契約卡（網路銀行卡片），背面數字為登錄時使用

網路銀行登錄教學步驟

各家網路銀行大同小異，以下以三菱東京 UFJ 銀行為例。

Step 1 到銀行首頁註冊

Step 2 第一次使用者，請點選「初回登錄」

抵達日本

Step 3 點選下一頁

Step 4 輸入個人資料
輸入個人資料後按下一頁。

開戶時的帳戶姓名

卡片背面最上方數字

設定一組8~16字數密碼

Step 5 點選「ログイン画面へ」進入

Step 6 輸入帳號、密碼
輸入網路銀行卡片上第一行的帳號,與剛剛設定的密碼後登入。

卡片背面第一行數字

剛剛設定的密碼

Step 7 點選「表示」可觀看資訊

狀態顯示未讀此資料

點選「表示」即可觀看資訊

Step 8 註冊成功
若要使用網路銀行各項功能,須先開通契約卡(網路銀行卡)。

明細

餘額

轉帳

Step ⑨ 開通契約卡

輸入契約卡的相對數字，按「登錄」。

Step ⑩ 契約卡開通完成

看到受付番號，即可使用網路銀行各項功能。

辦理關閉帳戶

離開日本後，部分銀行為結清戶頭會收取帳戶管理費，建議離開日本前須確認清楚，若有設定水電費等自動扣款功能，也要記得取消，避免多繳錢。

若是要結清銀行戶頭，需要攜帶在留卡、印章、存摺、提款卡至原辦理開戶之銀行辦理，若是選擇其他分行，必須先致電詢問是否可以，避免白跑一趟。

若是專業網路銀行，則可直接在網路上進行結清帳戶手續，部分銀行必須郵寄書面資料才能辦理，建議預留約 2 週時間辦理，戶頭餘額會匯入指定的銀行，並且收些許額外手續費用。

萬萬稅

Working Holiday in Japan

在日本購物時須繳交消費稅，工作時要扣所得稅與地方稅……，繳稅是件習以為常的事情，雖然各規定稅率不一，不過只要是在日本生活，果真是「萬萬稅」。

消費稅

像是平時去購買東西，結帳後會比標價上的價格高，多出來的就是消費稅。比如寫￥100，結帳卻為￥108，￥8 就是消費稅。

工作時扣的稅

收到薪資明細時，會被扣取所得稅（源泉徵收稅），詳細資訊請參考 P.144，若是發現雇主額外扣取地方稅等，請帶著薪資明細請雇主更正，每年年底可向雇主要「源泉徵收票」辦理退稅。由於打工簽證資格界定屬於模糊地帶，退稅部分，詳見 P.145。

▲部分商店會將稅前，與稅後價標示出來

▲稅抜表示尚未含稅的價錢

▲若未特別標示出來，則標籤價加稅才是總金額

通訊網路篇

Working Holiday In Japan

不 論辦理銀行帳戶、租屋、找工作都需要填入電話，而網路更是不可或缺的，面對琳琅滿目的門號專案，本篇整理出相關資料分析，讓你可以找到適合自己的方式！

電話

Working Holiday in Japan

如何打電話

從日本打回台灣

■ 撥打台灣市話

日本國際冠碼	+	台灣國碼	+	區域號碼 (去 0)	+	收話者電話號碼
001	**+**	**886**	**+**	**2**(以台北為例)	**+**	**XXXX-XXXX**

■ 撥到台灣手機

日本國際冠碼	+	台灣國碼	+	手機號碼 (去 0)
001	**+**	**886**	**+**	**XXX-XXX-XXX**

從台灣打到日本

■ 撥打日本市話

台灣國際冠碼	+	日本國碼	+	區域號碼 (去 0)	+	收話者電話號碼
002	**+**	**81**	**+**	**3**(以東京為例)	**+**	**XXXXXXX**

■ 撥到日本手機

台灣國際冠碼	+	日本國碼	+	手機號碼 (去 0)
002	**+**	**81**	**+**	**XX-XXXX-XXXX**

※ 若是使用手機撥打，則不需要輸入國際冠碼，用「＋」代替國際冠碼即可。

公共電話

日本很少有可以使用電話卡打國際電話的公用電話，打國際電話必須選擇有「International and Domestic Telephone」標誌的公用電話，投入￥100硬幣直接撥打國際電話。

或是使用轉接電話號碼經由電話公司撥打國際電話，通過這種途徑撥打國際電話的撥打方法和通話費用，各家電話公司的規定各不相同，詳細內容請洽詢電話公司。

▲公共電話

國際電話卡

不想準備太多零錢在身上，也可以考慮購買國際電話卡，機場及一般便利商店或自動販賣機均可購買，或可以直接上www.callingtaiwan.com.tw，用費率比價方案點選撥打至台灣手機或市話的選項，查詢適合自己的電話卡，線上購買，免運費又方便。

手機方案

Working Holiday in Japan

辦理手機是抵達日本最重要的事情之一，包含開戶、應徵工作等都需要電話號碼。申辦前，應先評估要使用日本手機，還是使用台灣帶來的手機，以及決定手機門號是否需要上網功能、個人的網路使用流量，以此選擇最適合自己的方案。

申辦手機須攜帶在留卡、銀行提款卡或信用卡、印章，至大型電器行 (Bic camera、Yodobashi camera) 或手機門市 (Docomo、AU、Softbank) 辦理即可。

日本手機一般都要綁約2年，中途解約的話要付違約金，每家手機電信業者方案不同，若有留學生身分，可使用學生優惠較為低廉。由於打工度假簽證僅有1年，手機中途解約時會有違約金的情況發生，建議可上網留意二手手機轉讓，或是辦理預付卡，或選擇僅1年合約的電信 Sim 卡。

申辦電信

■ 申辦門號

自行申辦電信者，較為常見的是 Docomo、AU、Softbank 三間門市，而規模較大，信號穩定的 Docomo 使用者眾多，手機大多可以解鎖帶回台灣使用；偏遠地區收訊較差的 Softbank，因為擁有固定時段網內互打免費、基本月費最便宜，是打工度假與留學生的最愛。

若和朋友選擇同一家電信業者，可以一起前往申辦，經由介紹加入者，兩方通常都有禮券或減免月費的優惠。

■ 二手手機

倘若打算使用二手手機，可先上批踢踢日本留學版、打工度假版，背包客棧日本打工度假專區，以及日本打工度假同好會等臉書社團，徵詢是否有人打工度假結束，需要轉讓門號與手機，其中需注意的是，轉讓會有一筆轉讓費用，約￥2,000，應先和對方協調好費用，務必留下聯絡方式，避免轉讓後下個月的電話費飆漲。當2年合約期滿後，門市會自動續約，務必記得提前解約。

■ 預付卡

目前有販賣預付卡的電信業者為 Softbank、AU，但可支援的手機機型較舊、款式較少、通話費用較高，採取預付方式，通話費用完再加值，加值卡一般便利商店均有販售，相當便利。

▲ Y!mobile 電信

門號轉讓一舉兩得

新辦門號大多需要綁約 2 年，違約者通常要支付￥9,000 以上的違約金，建議回台灣前，可透過網路方式轉讓給其他來打工度假的人，不僅不用支付高額違約金，同時也幫對方解決手機的問題，一舉兩得。

轉賣手機給手機業者

要離開日本時，可上網登記，將手機郵寄給收購手機的業者，若是手機狀態維持良好，傳輸線、說明書、保証書等附屬配件越齊全，可賣到的價錢就越高。

其中收購手機最為著名的 Brandear(ブランディア)，最受打工度假與留學生喜愛，只要在網站上申請，收到宅配的盒子後，再將舊手機放入寄回即可，完全免費，不用額外付任何宅配費用、手續費。等到業者收到舊手機後，會使用特殊機器將手機中的資料刪除，不會有個人資料外洩的危險。

攜帶買取專門店 powered by Brandear http www.keitaikaitori.jp

手機方案比較表

手機	門號選擇	申辦地方	備註	優缺點
台灣手機	Bic-Sim/ B-Mobile Sim	Bic camera、 Yodobashi camera	1 年合約，含至少 3G 已上網路方案，必須有信用卡	優點：綁約期短，價格合理 缺點：須有信用卡才可辦理
日本 0 元機	二手轉讓	至背包客棧與臉書社團尋找有無二手轉讓	多為無網路的陽春手機，手機的費用在￥2,000～3,000 不等	優點：合約期多半僅剩 1 年 缺點：手機選擇種類不多
日本 0 元機	預付卡	Softbank、AU	須注意效期，期限一過即便預付卡仍有金額，依然無法使用	優點：無合約限制，有需要再加值即可 缺點：通話費用稍高，無網路
日本新辦高階手機	新辦 2 年專案	三大電信業者與大型電器行	可選擇日本國內限定機種或高階智慧型手機	優點：含網路，可免費或用低價金額使用手機功能較強的智慧型手機 缺點：月費高，綁約 2 年

■ 音聲通話卡 (音声通話卡)

若是自行攜帶台灣智慧型手機，想要同時有上網與通話的功能，可選擇「音聲通話卡」，是目前打工度假者常選擇的方案之一。

可直接線上申請，購買網路開通包，約￥3,000 左右，再依照個人網路流量選擇適用的方案，大多需要綁約 1 年，約 7 天左右就可收到卡片使用。或至大型賣場現場申辦，服務人員會協助開通與註冊，約 1 小時就可拿到卡片，相當方便。

像是 OCN モバイル ONE、Bic-Sim(IIJmio)、B-Mobile Sim、BIGLOBE LTE、DMM mobile、イオン專用 b-mobile SIM、樂天モバイル等種

類繁多，其中以 Bic camera 販售的 Bic-Sim 以及 Yodobashi camera 販售的卡最為普遍，每月上網 3G 流量，月費僅需￥2,000 左右。

詳細音聲通話卡的比較，可至下列網站搜尋，點選喜歡的方案線上申辦即可。

goo
http sim.oshiete.goo.ne.jp/
guide/spec6

▲至 Bic camera 申辦 Bic-Sim 卡可當場拿到

過 來 人 提 醒

辦理手機網路小撇步

日本人大多喜歡拒絕辦理不確定的事情，即使同一間商場、銀行，同一個問題分別問 3 個不同的店員，可能會得到 3 種不同解答。

例如：辦理手機網路 Bic-Sim 時，A 店員表示台灣手機不適用，B 店員表示需要有日本信用卡，C 店員則表示此方案僅日本人適用，再三詢問過後，資深的 D 店員表示是曾有台灣手機不適用的情況發生，但商場都有試用卡可供試用。雖然部分信用卡無法採用，但還是可以請店員刷看看，像我最後成功辦了 Bic-Sim 每月 3G 方案。建議在辦理時，可以「朋友辦理成功」的例子，請對方嘗試看看。

■ IP 電話

最省錢的電話方案，莫過於每個月基本費只要￥100，甚至不用基本費的 IP 電話，但部分公司、店家，包含銀行等，不接受 IP 電話，而有些店家電話號碼無法使用 IP 電話，建議辦理前先視個人使用狀況而定。

NTT コムストア
http store.ntt.com（選擇「IP 電話‧FAX」）

網路
Working Holiday in Japan

大部分租屋時均有提供網路，可加價使用；若是未提供網路，可向房東詢問是否有合作的網路業者，通常可減免費用。要是未有合作網路業者，可至大型電器行的網路櫃檯或電信公司辦理。

申辦後，網路公司會來安裝機器，通常需要數天至 1 週，安裝時會將簽約文件一併帶來，合約多半為 2 年，需有固定地址與身分證明文件才能簽約，一般可直接向仲介公司或者房東詢問，避免多花了冤枉錢。

免費網路到處有

在日本尋找免費網路相當容易，地鐵、知名商店街以及不少飯店大廳都設有免費網路，或是學校裡面的圖書館與附近的咖啡廳，都是免費上網的好去處。只要帶著電腦與充電器，就可以在這裡耗上一整天。若是不想帶電腦出門又想上網，也可以

▲只要註冊帳號就可以免費使用星巴克網路

到各大城市都有的 Apple Store 使用最新的蘋果電腦上網。

▲日本免費網路的地方滿多，可多找找免費 WIFI 的指標

抵達日本

▲剛抵達尚未辦門號前，可以先購買觀光客網路
預付卡使用期限為 7 天

▲網路預付卡可在機場販賣機、大型電器行或機場通訊櫃檯購買

免費 WIFI 連結

■ 店家

7-11 7SPOT：註冊後，可免費使用。
🌐 webapp.7spot.jp

Lawson：一天僅能免費登入 5 次，第 6 次開始無法使用。
🌐 www.lawson.co.jp/service/others/wifi

Family Mart：一天 3 次，每次 20 分鐘。
🌐 www.family.co.jp/services/famimawi-fi

Starbucks：註冊帳號之後就可以使用，1 次 1 小時，可重複連接。
🌐 starbucks.wi2.co.jp/pc/index_en.html

■ 日本全國熱點

Free Spot：只要上網登記，就可以免費使用 10 分鐘。
🌐 www.freespot.com

NTT 東日本：手機須先下載「NAVITIME for Japan Travel」取得帳號密碼。
🌐 flets.com/freewifi/hk/spot.html

JR East Free WIFI：每次限用 3 小時，首次登錄需填 E-mail。
🌐 www.jreast.co.jp/e/pdf/free_wifi_02_e.pdf

JR West Free WIFI：發空白 E-mail 至專屬信箱，收到代碼後可免費使用 8 天。
🌐 jrw@forguest.wi2.ne.jp

租借 WIFI 機

網路流量大的人也可以選擇 WIFI 機，常見的機型都通常是 WIMAX，一般通常需要簽約 1 年，月租約￥4,000 不等，流量可高達 7G，超過則是採用限速的方式，仍然可以上網，適合網路重度使用者。

若是短期旅行，很快就會移動的人，也可以選擇租借 WIFI 機，只要輸入「WIFI レンタル」就會有許多公司，可事先比較價格與流量，選擇適合的方案。

一般都可以在機場租借，或是直接郵寄至住的地方，歸還時只要將 WIFI 機放入信封並投至郵筒即可，相當方便。天數從 1 天至 3 個月以上都有，由於 WIFI 機體積不大、攜帶方便，又可同時分享給電腦，是短期旅行租借的最佳選擇。
WIFI 機 🌐 www.eastbridge.co.jp/wifi.html

通訊 APP

通訊軟體是智慧型手機一定要有的功能，除了可以用 Line、Whatsapp 傳訊息、用 Skype 打電話外，還有許多 APP 提供免費的網路通訊，只要有網路的地方就可以免費通訊。

▲常見的 Line、Whatsapp、Skype，在日本也可以使用

郵寄

Working Holiday in Japan

跨國郵寄

日本的郵局 (U.S. Post Office) 除了買賣郵票、寄信、取信、寄送包裹外，還有貼心的到家收信與收包裹的服務，只要到日本郵局網站選擇免費收信服務，請送信的郵差順便去你家取件即可。若是信件需貼

▲可先上網搜尋住家附近的郵局

上郵票，也可以在郵局網站購買，直接列印下來使用。若是寄包裹，則需先填寫報關單等資訊，並線上刷卡付郵資，郵差就會來你家取件，相當方便。

■ 寄送方式

國際包裹與郵件共有 3 種寄送方式。國際特快專遞 (EMS) 最快，但價格最貴；航空件約 3 ～ 6 天就能送達；海運件，時間較久，價格最為優惠，適合寄送不趕時間、重量較重的物品。不論是哪種運送方式，日本郵局僅接受單件 30 公斤以下的包裹，詳細天數與確切金額，可上郵便局網站查詢，還可試算運費 (www.post.japanpost.jp/cgi-charge)。

種類	送達時間	寄送 1 公斤運費 / 円
國際快遞 EMS	2 ～ 4 天	￥1,800
航空件	3 ～ 6 天	小型包裝物：￥1,450 國際包裹：￥2,050
海運件	1 ～ 2 個月	小型包裝物：￥770 國際包裹：￥1,500

■ 寄件物品確實告知

要確實告知詳細的包裹內容，包裹價值金額太高會被扣稅，填寫教學請上郵便局官網查詢。

郵便局 http www.post.japanpost.jp

(點選「国際郵便 (EMS)」→點選「ご利用方法の流れ」→選擇欲填的選項：「あて名の記入方法 (收件人地址、姓名的填寫方法)」、「EMS ラベルの記入方法 (EMS 寄單的填寫方法)」、「小包ラベルの記入方法 (包裹寄單的填寫方法)」)

▶匯款、包裹、購買明信片、郵票都在櫃檯辦理

大阪府大阪市鶴見區境野 111　　　　　　　　Air Mail
寄件人地址　　　　　　　　　　航空信件　　郵票

To：太雅出版社 收
111 台北市士林區劍潭路 13 號 2 樓
Taiwan(R.O.C.)
收件人地址

▲航空信件寫法

郵局營業時間

一般郵局營業時間為 09:00 ～ 17:00，但有部分郵局星期六、日也有營業，若是假日臨時想要去郵局寄送包裹，或是其他相關服務，可先上網查詢住家附近假日也有營業的郵局，可以根據時間、所需服務、地區等條件搜尋，相當方便。

http map.japanpost.jp/pc

明信片

除了郵局外，一般雜貨店或是便利商店均有販賣郵票，只要向櫃檯說你要購買國際郵票（切手）就可以了，寄送明信片一般郵資為￥70，海運明信片則是￥60。

若是卡片上印有聖誕節或是祝賀卡，亞洲地區一律￥90；寄送明片信若為心型、圓形、三角形等非一般明信片大小，則一律為「定形外」處理，郵資為￥220。

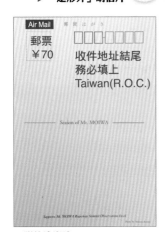

▶「定形外」明信片

Air Mail	郵便はがき
郵票 ￥70	□□□-□□□□ 收件地址結尾 務必填上 Taiwan(R.O.C.)

Season of Mt. MOIWA

Sapporo Mt. MOIWA Ropeway Summit Observation Deck

▲明信片寫法

貼心小叮嚀

資訊必填避免寄丟郵件

寄回台灣，地址可寫中文，但是國家名稱務必用英文書寫：「Taiwan(R.O.C.)」，航空信件可以多註明 AIR MAIL 避免寄丟，若是真的寄丟，或是物品有損傷，則將收來的物品原封不動，至郵局填寫「損害賠償請求書（損害賠償兼料金等返還請求書）」即可。

▲郵局櫃檯也可以購買賀年卡

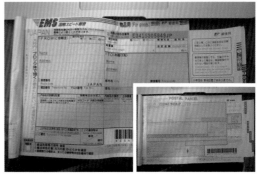

▲到郵局要先抽整理券（號碼牌）

▲包裹依據大小、重量等計費

▲至日本郵局填選包裹寄送單，有 EMS 或一般空或海運，2 種單子

郵件保管通知

若是收件人不在，會收到郵件保管通知，郵局最多可保管 30 天，如果需要再次投遞，可撥打專線電話或上網填寫希望的送件時間；也可直接去窗口取件，須攜帶本人印章與確認地址的證明資料，如在留卡、駕照等。若是擔心日文能力不好，可撥打英文諮詢專線 0570-046-111，或至日本郵便局的網站，選擇中文頁面。

如何申請郵件再次投遞

Step 1 掃描 QR CODE

收到郵局不在聯絡票，可直接掃描 QR CODE 指定再配送時間。

Step 2 無法登入，則上網填寫

若 QR CODE 無法登入，可上郵便局官網，點選「再配達のお申し頃み」。

Step 3 填寫相關資訊

1 郵遞區號
2 填寫包裹號碼 (依據數字填寫 11~13 碼或 6~8 碼的追蹤碼)
3 填選送達日 (郵局不在聯絡票上的日期)
4 選擇郵件種類 (根據郵局不在聯絡票上的勾選)
5 勾選配送地點 (1. 自家 2. 鄰居家 3. 上班公司 4. 地區郵局櫃檯 5. 其他地區郵局)
6 下一頁

Step 4 勾選希望配送時間與填寫個人資訊

Step 5 確認資料後，按「登錄する」

Step 6 收到「受付番號」，表示輸入完成

下載郵局會話指南

若是對自己的日文表達有疑慮，可以下載郵局會話指南，用「指」的方式來溝通。

http www.post.japanpost.jp

(點選「国際郵便(EMS)」→ Language 選擇「中文」→ 選擇「留学生实用指南」→ 邮局会话指南選擇「中文」)

　日本大眾運輸相當便利，是個相當適合自助旅行的國家，較遠的地區來往可搭乘國內飛機或是新幹線，是最快速的移動方式。而時間耗費較久，但當相對價格便宜的夜間巴士，是省錢的好選項，像是大阪往返東京的夜間巴士，來回票比東京前往大阪的新幹線單程票還便宜。寢台列車還提供小床，棉被等，移動外還省了一晚住宿費用。本篇列舉了在日本移動常用的交通工具，包含購買便宜交通票券的小祕訣。

貼心小叮嚀

轉乘路線上網查

　日本交通錯綜複雜，地鐵、私鐵、JR、新幹線等多種交通工具，加上票券眾多，從甲地到乙地的搭乘方式可以多達 5 種以上，建議可以多使用轉乘路線網站查詢，或是使用轉乘路線 APP，既方便快速，又簡單明瞭。

ジョルダン
🌐 www.jorudan.co.jp

使用交通 APP 超方便

　日本國內交通種類眾多，建議可下載交通路線 APP，只要設定好起始點的站名就會出現包含票價、搭乘時間、各路線站名等資訊，有多種建議的搭乘方式可供選擇。另外，也可設定早班車、末班車的時間搜尋。甚至可設定中途需經過的站名等，相當方便。

▶乘換案內、Y! 乘換案內、乘換ナビ都是日本交通的搜尋好手

交通票券
Working Holiday in Japan

套票優惠多

　日本交通費普遍比台灣高出許多，觀光地區常與交通結合，推出一系列的周遊票券，或是可當日無限次數搭乘的一日券或二日券，像是地區性的大阪周遊券、奈良宇治一日券、地下鐵一日券等等，這些票券往往結合餐廳、飯店、遊樂園，甚至有門票或購物優惠，建議購買前可上網查詢相關優惠，務必看清楚使用時間與相關規定，避免買了卻有無法使用的情況發生。

▲扇澤通往富山的交通套票

想要查詢最新與最即時的旅遊套票資訊,可至當地主要車站的遊客資訊中心洽詢,搭車時也可留意剪票口的海報、布告欄,以及車廂內的宣傳廣告,常有新優惠推出。

關西周遊券

關西周遊券是可以在期限內無限乘坐關西地區的地鐵、私鐵及公車,除了大阪、神戶、京都之外,甚至還有奈良、和歌山、高野山等地方。只限持有觀光簽證的人購買,但是,若與持有觀光簽證的家人或朋友一同旅遊,那持打工簽證的我們就符合導遊或隨同者的資格,也可以購買關西周遊券。

スルッと http www.surutto.com

金券行

金券行是業者向各車站大量購買 1～5 千張團體票券,再以略低於車站售票機的價格少量轉賣給民眾,賺取中間的價差。以使用期限很長或無限制的票券為主,例如:JR、新幹線或當地的地鐵車票。

除此之外金券行也有販賣展覽、演唱會、各式比賽的門票,甚至還有連鎖速食店與餐廳的餐券、溫泉泡湯券,就連知名遊樂園的門票也都可以在金券行買到。

由於每家金券行所販售的票券均不相同,即使是同一家公司,販售的項目也不一樣,建議經過金券行時,可在櫃檯前的玻璃窗,或牆上的告示牌查看是否有符合自己的票券。要是有特定想要的門票,也可以直接上前詢問。

選擇票券
收據出口
紙鈔口

投幣孔
退幣鈕
零錢口
取票口

▲金券行旁都有便宜票券販賣機

▲金券行每天都是滿滿人潮

▲新幹線指定席與自由席也都找得到

金券行網站搜尋

若是想要查詢哪裡有金券行,可參考下列網站:

旅行情報網 http o-dekake.net/kinken

全國金券行 http kinken47.com

通勤、通學定期券

　　相當於月票，在日本新幹線、巴士、地鐵等都有販售定期券。期限大多分為 1 個月、3 個月和 6 個月。定期券是需要指定乘車區域的，在區域內可以跨越不同交通公司的多個路線，對於上班、上課為兩點一線的上班族與學生來說，是非常優惠和方便的車票。

　　到各車站的服務窗口，或是指定販賣機購買即可。通勤定期券大多可提前 14 日前購買，而通學定期券大多可提前 7 日前購買 (天數依照各車站規定)。如 7/1 購買通學定期券，開始日期可選擇由 7/1 ～ 7/8 區間內開始計算，若有 6 個月以上的語言學校學生身分，可以和學校申請通學證明，辦理通學定期券，類似台灣的學生月票，費用比通勤定期券便宜許多。

回數票

　　定期券適用於上課與上班地方來往次數較為頻繁者，若是所搭乘次數不多，可選擇回數票券，一般車站售票機均可購買，通常一次需買 11 ～ 12 張，須特別注意使用期限，避免過而無法使用。

定期券購買步驟教學

Step 1
選擇定期券的售票機（粉紅色）

Step 2
點選「定期券購入」

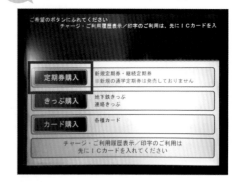

Step 3
點選「新規」

Step 4
點選「通勤大人」

Step **選擇路線**
選擇欲搭乘的路線,可搭配巴士或其他鐵路。

Step **確認路線**

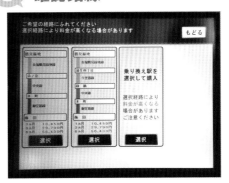

Step **搜尋起點站名**

Step **搜尋終點站名**

Step **定期券可搭乘路線,中間下車均不用另外付錢**

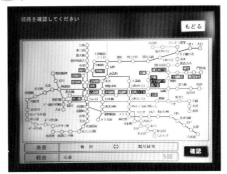

Step **選擇起始日期**
可選擇購買當天或 14 天以內的日期。

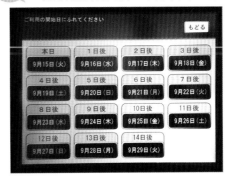

Step 11

選擇使用天數

使用期限自 Step10 選擇之日期算起，有
1、3、6個月可以選擇。

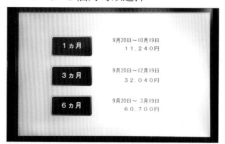

Step 12

點選同意後，輸入姓名即可

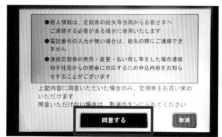

Step 13

輸入性別

Step 14

輸入生日

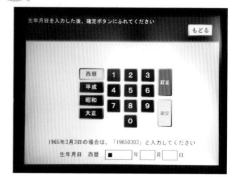

Step 15

輸入電話

Step 16

資訊確認無誤後按「確定」

Step 17 選擇現金或刷卡

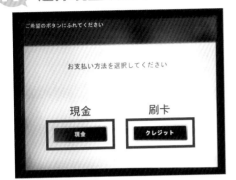

Step 18 確認總金額，準備付現

Step 19 選擇付款方式

1. 放入儲值卡　　2. 紙鈔投入
3. 車票輸出口　　4. 找零
5. 硬幣投入

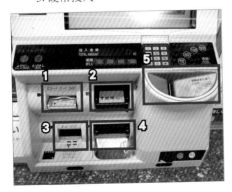

儲值卡

　類似台灣的悠遊卡，一張卡可反覆使用，餘額不足時再加值，購買時要付￥500作為押金，退卡時會一併退還。各區發行的卡片種類均不相同，其中以東日本的Suica、PASMO、西日本的ICOCA、 PITAPA 發行量較大，其他還有東海地區的TOICA、北海道的KITACA、札幌的SAPICA、九州的SUGOCA。

▲西日本發行的 ICOCA　　▲東日本發行的 Suica 卡

青春 18

　青春18車票是自1982年發售以來，深受日本人喜愛的車票，平均票價在￥2,000左右，可在一天內不限次數自

▲旅遊服務中心可以購買

由乘坐全國 JR 的所有列車、電車的自由席，以及 JR 西日本宮島渡輪，適合較長旅途搭乘或是當天來回稍遠的地方，購買時需注意以下幾點：

■須一次先購買1張5格的票，可單獨或多人使用。
■使用青春18只能乘坐普通與快速列車，可另加購快速列車指定席，但不可加購特快列車。
■須在期限內使用完畢，不能延長。
■第一次使用需向工作人員蓋日期章，不得直接放入自動驗票機。
■販售及使用日期有限定，請至官網查詢。

JR 東日本 http www.jreast.co.jp

(點選「駅・鉄道／旅行・観光」→「きっぷ案 」→「おトクなきっぷ」→輸入「青春18きっぷ」檢索→「青春18きっぷ」可看詳細資訊)

飛機

日本地形南北狹長，像是前往北部北海道滑雪，或較南端的沖繩潛水度假等，搭乘國內飛

▲前往沖繩離島 - 石垣島，需搭飛機前往

機是快速的選項之一，利用日本國內機票比價網查詢優惠價格。一般國內線機票可提前 2 個月預定，通常會有很優惠的價格，從大阪飛鹿兒島、福岡等航線，平均單程票價在 ¥1 ～ 2 萬不等，若提前幾個月預訂，還可買到 ¥5,000 以內的機票，價格足足少了一半以上呢！

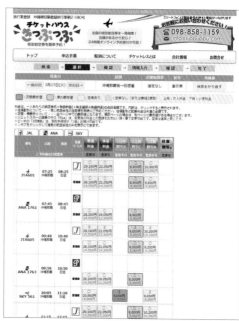

▲きっぷっぷっ是查詢日本國內機票的好幫手

日本國內機票比價網站

きっぷっぷっ
http kippuppu.com

空探網
http www.travel.co.jp/soratan

國內線 .com
http www.kokunaisen.com

▲訂購前需了解詳細的票價規則，如行李限重，變更日期等

▲空探網的查詢相當簡單又便利，航班價格一目了然

貼心小叮嚀

各家航空託運行李上限都不同

日本國內航空託運行李多半僅有 15 公斤，ANA 航空則可託運 20 公斤，詳細相關規定與資訊依照各航空公司規定。另外應特別注意起降時間，包含往返機場的交通工具，避免為了搭乘早班便宜的飛機，而必須前一晚夜宿機場或多花一晚住在機場飯店的費用。

新幹線

Working Holiday In Japan

由各區 JR 公司所經營的新幹線，是目前日本地面上最快速的交通工具，也是全世界第一個投入商業營運的高速鐵路系統，又被稱爲「子彈列車」。以列車名稱作爲區分，其中東海道新幹線（東京－名古屋－京都－大阪）是經營最久和流客量最多的路線，不同名稱的列車行駛路線與停靠站均不相同，即使同一路線，偶爾也會因調度關係，而有不同的停靠站。

新幹線設有普通與綠色車廂兩種等級，綠色車廂可媲美飛機上的商務座位，座位比普通車廂大，而普通車廂通常一行大多分爲 5 個座位，一邊爲 3 個座位，另一邊則爲 2 個座位。另外，東北新幹線列車新加的 Gran Class 級別，更是等同於飛機上的頭等座位。

新幹線的車大部分都有提供自由席與指定席，指定席需提前預訂並需加上幾百日幣的費用。詳細資訊可查詢網站。

JAPANiCAN http tw.japan-guide.com

（點選「交通情況」→點選「新幹線」）

▲新幹線車票

▲新幹線

高速巴士（高速バス）

Working Holiday in Japan

比飛機、新幹線更省錢的長途交通工具中，費用較爲低廉的高速巴士，是主要行駛於高速公路上的公共巴士，又稱爲 Highway Bus，依據各行駛路線與時間不同，又被稱爲長途巴士、機場巴士，以及於夜間行駛的夜間巴士。

在高速公路上行駛的長途巴士，以及深夜出發、次日清晨抵達目的地的夜間巴士，不僅價格低廉，還可省下一晚住宿費用。像是東京往返大阪的夜間巴士票價，比東京前往大阪的單程新幹線票價還便宜，深受背包客與小資旅行者的歡迎。

若是從機場往返市區，有專門往返的機場巴士（P.95）；只有一兩日的停留時間，想走訪各大觀光景點，也有一日觀光巴士可供選擇。詳細內容依照各巴士網站規定，部分巴士需要事先預約。而在市區內移動，也有市區公車可以搭乘，且票價較低。

長途巴士

連接東京、大阪、福岡、名古屋、仙台等各大城市之間的長途巴士，乘車處通常在市區或鬧區內，加上不必搬運行李上上下下，是行李眾多者最佳選擇。

除了連結各大城市與日本中等城市間的往來之外，部分路線所需時間，甚至比搭乘鐵路交通工具還短，座位多半是單排 4 個座位的配置，部分巴士單排僅 3 個座位，位置寬鬆，還提供插座可供充電使用。

搭乘長途巴士，同一路線常有許多巴士公司營運，各家規定均不相同，有些公司可在乘車處購買當日車票，有些則需要事先預約，詳細內容請至各巴士網站查詢。

▲休息站可以買伴手禮　▲候車處都有看板標示巴士路線
與食物上車享用

▲濃飛巴士有開往東京、名古屋、大阪的長途巴士

貼心小叮嚀

部分車票無法臨時購買

　　決定搭乘長途巴士時，一般可透過旅行社、JR 綠色窗口、巴士總站，以及部分便利商店的售票系統購買車票。部分車票需要事先撥打至預約中心預約，再於巴士總站購票。最早可預約 1 個月後的車次，其中需特別注意取票時間，例如需於出發前 30 分鐘取票，若是想更換班次也可洽詢購票櫃檯。

▲部分需事先電話或上網預約，
再至櫃檯取票付款

長途巴士查詢網站

日本巴士：可查詢日本全國高速巴士。
http www.bus.or.jp

Highway Bus：可查詢 JR 公司營運以外的高速巴士，路線遍及日本全國。
http www.highwaybus.com

高速巴士網站：為各 JR 公司共同營運的高速巴士預約網，除了可查詢外，也可直接線上購票。
http www.kakuyasubus.jp

關東巴士：僅限 JR 關東地區的高速巴士，可至長野、松本等各地，含時刻表。
http www.jrbuskanto.co.jp

九州巴士：可查詢 JR 巴士以外，從九州出發或抵達的高速巴士，含中文版指南。
http www.atbus-de.com.t.jo.hp.transer.com

旅之行：內附中文網頁，可查詢日本各地的高速巴士，還可以選擇特定巴士，如女性專用巴士、寬敞獨立的 3 排巴士等等。
http tabiaruko.com

Willerexpress 巴士：含日本全國高速巴士與夜間巴士，註冊會員可享優惠服務。
http willerexpress.com/tw

Bus-Channel：日本全國的高速巴士與夜間巴士的專門預約網站。
http www.bus-channel.com/Taiwan

夜行バス比較なび：是日本全國夜間巴士、高速巴士比價網。
http www.bushikaku.net

■ 機場巴士

常見的機場巴士以 Airport Limousine 公司的利木津巴士最廣爲人知,由於近幾年廉價航空越來越多,巴士公司也推出更便宜的機場巴士可供選擇。在東京機場,不論是成田或羽田機場,除了利木津巴士外,還有平和交通推出的 The Access Narita(THE アクセス成田),以及京成巴士公司推出的 Tokyo Shuttle(東京シャトル)。

▲機場也有航廈與航廈間的接駁巴士

機場巴士查詢網站

■ **東京機場 (成田、羽田) 機場巴士**
利木津巴士 http www.limousinebus.co.jp
平和交通 http accessnarita.jp
京成巴士 http www.keiseibus.co.jp/global/tc/index.html

■ **各機場巴士網站**

可至各機場官網的交通資訊查詢機場巴士,依據下車的地點會有不同路線的機場巴士可選擇。以關西機場爲例,可選擇通往大阪市區、京都、奈良、兵庫、神戶等地區的機場巴士。詳細資訊請見各機場網站。

關西機場
http www.kansai-airport.or.jp/tw/access/bus

中部機場
http www.centrair.jp/tch/to_and_from/access/bus.html

新千歲機場
http www.new-chitose-airport.jp/tw/access/bus

福岡機場
http www.fuk-ab.co.jp/china2/busmokuji.html

■ 夜間巴士 (夜行バス)

夜間巴士通常在晚上 11 點左右出發,抵達目的地時間爲次日凌晨 6 點左右,對於喜愛自助旅行、行李眾多、預算有限的人來說,不但省了住宿費用,又能擁有一天完整的時間,經濟又實惠。

價格大約是同等距離新幹線的三分之一,車內

▲大部分長途巴士上都有插座與小桌子

設備與服務相當完善,部分巴士除了設有廁所、個人窗簾、無線網路外,還免費提供毛毯、牙刷等服務,也可選擇女性專用車輛,常見路線大多爲東京到大阪、京都、名古屋之間。

■ 觀光巴士 (観光バス)

若是僅有半天或 1 天想走訪各大旅遊景點,可選擇觀光巴士,

▲那霸ゆいゆい號是沖繩人氣十足的觀光巴士

直接從機場、各大車站搭乘,依照各巴士公司設計行程,可至主題樂園、名勝古蹟等知名旅遊景點。以東京的哈多 (HATO) 巴士最爲知名,還設有中、英文導遊服務等。費用通常包含車資、導遊費,部分公司還有提供餐點、門票,甚至是無線 WIFI 可使用。

■ **哈多巴士**

含中文導遊服務,是東京近郊相當熱門的觀光巴士。

http www.hatobus.com

公車

若是在市區內移動,可選擇各市區的公車,路線較長程巴士短,費用依照里程計算或全程均一票價,依據各公車營運公司的規定而異。由於日本各地區公車體系均不相同,乘車方式與票價無標準,即使是全程均一票價,付費時間也不同。例如東京、橫濱、名古屋為前門上車,先付車費;而大阪、神戶、京都的公車,許多是由後門上車,後付車費。建議搭乘公車時,可先觀察其他搭乘同班公車的人如何付費。

大部分日本公車上均會廣播下站站名,下車前需按下車鈴。都市較新的公車,有中英文廣播,外加顯示跑馬燈;而較鄉下地區,公車較為老式,可能無廣播、無跑馬燈,搭乘時可事先詢問司機,並請其提醒到站。

▲公車上有兌幣機

▲站牌會註明行經路線區域和公車號碼

▲還有英文路名與時刻表可查詢

貼心小叮嚀

按里程計費,上車需取整理券

若是依照里程計算票價,上車均需抽取整理券,機器設置在前門或後門。下車時需出示整理券,比照整理券號碼,依據車資顯示器給予車資,如需零錢,大部分的公車均設有兌幣機可供兌換。若是使用各區 IC 卡(儲值卡),上、下車均需刷卡,通過讀卡機自動扣款,免抽整理券。

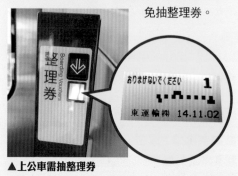

▲上公車需抽整理券

地鐵(地下鐵、JR、私鐵、路面電車)

Working Holiday In Japan

地下鐵

地下鐵顧名思義就是列車全線都在地面下行駛的電車,大多為各地方縣市交通局所營運,以市區內的交通為主,較少跨越其他縣市。和 JR 與一般私鐵不同的是,地下鐵每站皆停。目前日本許多主要城市都有地下鐵營運,如:大阪、京都、神戶、札幌、東京、名古屋、福岡等,除了大阪市交通局所營運的其中一條路線為高架道路(又稱為新電車)之外,其餘均在地面下行駛。

◀神戶高速線單程票

JR

目前日本共有 6 家 JR 鐵道公司，分別為 JR 東日本、JR 西日本、JR 東海、JR 九州、JR 四國、

▲ JR 秋葉原站是動漫迷的最愛

JR 北海道，由各 JR 公司分別經營，又稱為「在來線」，是有別於新幹線的稱呼。車種共分為特急、急行、新快速、快速、普通等 5 種車種，不同車種的停靠站均不相同，其中以速度最快的特急和急行所停靠的站最少，新快速與快速次之，而普通車種由於每站皆停的緣故，速度最慢。由於 JR 經營地區範圍甚大，各車種也以不同的列車名稱來區別行駛的路線範圍。

JR 東日本 http www.jreast.co.jp

JR 西日本 http www.westjr.co.jp

JR 東海 http jr-central.co.jp

JR 九州 http www.jrkyushu.co.jp

JR 四國 http www.jr-shikoku.co.jp

JR 北海道 http www.jrhokkaido.co.jp

過來人提醒

出錯站口需補票

日本許多鐵路的月台均在同一區塊，容易搞混，需注意進、出的站口，若是出錯站口，則需另外補票，而原本乘車的票可至原車票口辦理退票。舉例：萬一進站時是購買 JR 的

車票，但出站時卻從南海電鐵出站，此時需去站長室補南海電鐵的票，再去 JR 站辦理退票。

◀可以拿著儲值卡或票券去站長室補票

私鐵

在日本凡是 JR 與地下鐵之外的鐵路交通工具，大部分都可以稱為是私鐵。以關西地區為例，阪急電鐵、阪神電車、南海電鐵、京阪電車等都是私鐵，各家公司的收費方式均不相同，詳細資訊可洽網站搜尋。

▲和樂桃航空合作的南海電車特急 rapi:t 列車

路面電車

路面電車則為馬路上所行駛的電車，有專屬的軌道架設在道路上，一般汽車也可行駛經過。路面電車和地下鐵一樣每站皆停，同時也需遵守交通號誌，速度不快，在各縣市均可看見路面電車的蹤影，如京都的嵐電、比叡山電鐵，以及函館的市電等等。

▲單軌電車單程票

▲開往迪士尼樂園的電車裝飾得很有「迪士尼」的風格

登山車、纜車

Working Holiday In Japan

　　山區常見的交通工具為登山車（ケーブルカー）與纜車（ロープウェイ），是平地與山上往來的交通工具。

▲北海道大倉山競技場登山纜車

寢台列車

Working Holiday In Japan

　　寢台列車是深夜行駛的火車，目前日本境內的寢台列車均由日本鐵道株式會社集團（JR）所營運。大部分寢台列車設有臥鋪與床鋪的個人房，依據價格分為 A、B 級，部分車次則是附座位的車廂，所有的寢台列車均有廁所，較高等級的車種還有提供淋浴、餐廳、公共電話服務、休息與會客車廂等。

　　大部分的寢台列車分為特急與急行車種，若是持青春 18 車票者，只能選擇快速與普通車種，或是隸屬「月光列車」的快速寢台列車，詳細資訊請洽各區 JR 網站說明。以 JR 東日本為例：

JR 東日本 [http] www.jreast.co.jp
（點選「駅・鉄道／旅行・観光」→點選「列車」
　→點選「特急・寢台特急」）

租車

Working Holiday In Japan

租車停看聽

1. 攜帶日文譯本駕照

　　只要拿台灣駕照到監理所辦日文譯本（工本費 100 元），帶著台灣駕照與日文譯本到就可到日本租車即可，完全不需要國際駕照。

2. 中文也可通

　　部分知名租車中心如：OTS，可直接上中文官方網站預約租車，還車時也有中文服務人員。

3. 右駕慢慢來

　　許多人擔心右駕不會開，加上道路不熟悉，怕會造成交通事故，其實只要記得「左轉直接轉，右轉在對面」的口訣，然後一路慢慢開，再加上「新手駕駛」的貼紙，基本上日本的車子就會自動和你保持安全距離。

▲可向租車中心免費索取黃綠色磁鐵貼紙，代表新手駕駛

抵達日本

4.GPS 好幫手

無論是景點還是餐廳，只要輸入想去地方的電話或是 MAPCODE，GPS 就會清楚顯示到目的地的距離與所需要的時間，是規畫行程的得力助手。

▲可選擇中文發音，介面多為漢字，閱讀無礙

5. 免費停車場

基本上只要出了市區，大部分的餐廳都附設免費停車場，停車相當方便。若是前往市區外的景點，大眾運輸較爲不便，租車自駕是不錯選項。

▲商店與餐廳大多設有免費停車場

▲付費停車場收費也不貴

6. 租還車簡單

大部分租車公司均設有機場事務所，一下飛機出海關，就可至機場櫃檯辦理租車，只要提供租車姓名，就可搭乘免費接駁車前往事務所領車。

在日本還車時大部分均規定要加滿油後還車，事務所附近也都設有加油站，還車完畢後，還可搭乘免費接駁車前往機場。

▲ OTS 會有會說中文的工作人員向你解說租車注意事項

▲還車時需加滿油箱

▲ Toyota、Hertz、Nissan 都是日本知名租車公司

7. 安心保險好

日本法律規定，租車時最少需要加買強制保險，也就是所謂的「免責補償制度」，在發生意外時，旅客僅需要負擔一小部分賠償。通常租車公司會把這個金額算在租車費用裡面，但有些租車公司為了讓租車費用看起來更低，會把「免責補償料金」另外提列出來，因此在租車時，除了租金外，還要再加上「免責補償料金」，才是最後所需繳交的費用。

另外租車公司通常還會有無法營業損失 (NOC) 以及安心保障險，讓租車出遊時多個保障。

▶保險內容說明

保險知識不可不知

無法營業損失 (NOC)： 是 Non Operation Charge 的縮寫，假設發生意外導致車子在維修期間無法租借他人使用，間接造成營業損失時，租車公司可向租車者求償。

安心保障險： 在外面發生意外，如鑰匙鎖在車內，或需要緊急送油、送電、加水、爆胎、事故拖車等都不需額外付費。就連遇到塞車，導致延後還車的罰金都可免費。由於安心保障險費用僅在 ¥500 左右，部分公司還有包含 NOC 可免除賠償費用 ¥2 ～ 5 萬不等，只能說安心保障險真的非保不可！

8. 省錢小祕訣

通常日文官網租車價格比中文官網便宜許多，建議可使用日文官網預定租車，收到預約確認信後，寫中文回信詢問，只要註明日期、人數、租用天數、車型與是否租借 WIFI 機等相關內容，即可用日文官網價格租車。

超有用連結

■ 詳細的租、還車流程與中文影片說明
http lailai-web.com/how-to-rent-a-car

■ GPS 使用方法教學
http www.youtube.com/watch?v=QffilEJU2XY &feature=youtu.be

■ 日本各大租車網

TOYOTA 租車網 http rent.toyota.co.jp/eng/index.html

NIPPON http www.nipponrentacar.co.jp

2525 http www.2525r.com

ワンズ http www.ones-rent.com

イツモ http www.itsumo-rent.com

¥100 http 100yen-rentacar.jp

バリュー http www.value-rc.jp

TOCOO http www2.tocoo.jp/jp

たびらい http www.tabirai.net/car/

Times Car http rental.timescar.jp

租車比價網 http www.rentalcars.com/zh/country/jp

▲各大機場都有租車公司的辦理櫃檯

如何查詢 MAPCODE

在日本使用衛星導航，可以輸入地址、電話以及 MAPCODE 查詢，由於 MAPCODE 是依據地址轉換成數字，只要輸入幾個數字就可以快速查詢到目的地，相當方便！Mapion：http www.mapion.co.jp

以東京迪士尼爲例，查詢 MAPCODE 方法：

 Step 輸入要查詢的地址

 Step 依據地址或設施搜尋店家

地址

店家名稱 東京迪士尼

 Step 點選「地圖」

Step 點選右上角的「+便利ツール」

 Step 點選「地図 URL」

Step 顯示的「6151424」就是東京迪士尼的 MAPCODE

渡輪

日本本土主要分為本州、北海道、九州、四國4個島嶼，並擁有眾多小島。從最北端的北海道到最南端的沖繩縣，約有 100 條航線，船隻種類眾多，有具備豪華設備的大型輪船，也有高

▲渡輪有採取劃位與自由座

速移動往返港口的高速船、搭配觀光景點可欣賞風景的觀光船，或是僅提供島與島之間往返的一般渡輪等等。航班依據季節而定，部分需要事先預約，詳細資訊依照各船務公司而定。

除了提供交通往返外，也有提供房間、餐廳、可免費上網的渡輪，如商船三井渡輪公司推出由東京到北海道旅行，就可以在搭乘渡輪中，享有船上服務。

商船三井渡輪 http www.sunflower.co.jp/tw

計程車

日本計程車起跳費用依各地區不同，大多介於￥500～650之間，一般個人計程車會比大公司的計程車，如「MK」、「都」等來得貴一點，而中型車又比小型車再貴一點，因為小型車僅能乘坐 3 人。從 22:00～05:00(大阪與福岡地區則由 23:00 開始)都屬於深夜時段，需要額外的深夜料金費用，搭乘時使用後車廂不需要額外收費。上車時車門由駕駛座啟動開門按鈕，千萬不要傻傻地自己去開車門。若是距離不遠，搭乘人數在 3

人以上的話，計程車是不錯的選擇之一，建議搭乘時可先上網計算費用，也可使用 APP 叫車，相當方便。

計算計程車費用 http www.taxisite.com

過 來 人 提 醒

APP 叫車推薦 MK 計程車

日本計程車費用不低，若是要叫車可以選擇 MK 計程車，不管是上車的起跳價格還是里程跳表價格，MK 計程車都比一般計程車便宜約 10%，甚至還有讓輪椅直接上車的廂型車可接送行動不便的乘客。

▲ MK 計程車 APP

腳踏車

在日本最常看到的交通工具非腳踏車莫屬，由於日本交通費頗高，幾乎家家戶戶都至少有一輛腳踏車，在日本還有專門的腳踏車道，也有專門的腳踏車交通法規，買腳踏車還可以進行登錄，若是遺失或遭竊，都可以至警察局報案，是在日本移動最省錢又常見的交通工具。

▲許多地方都有設置腳踏車停車場

二手車網站

一輛全新腳踏車至少￥1 萬元起跳，在日本打工度假臉書社團等其他人轉讓，時常等到天荒地老，不然就是瞬間被秒殺，不如直接上二手腳踏車網站挖寶，搜尋住家附近的腳踏車行。

うえまち貸自転 http www.uemachi.net/chari

飲食文化篇
Working Holiday in Japan

日本吃飯費用比台灣高出許多,光是一瓶礦泉水就要台幣30元,麥當勞餐點也要台幣200元左右,在日本飲食若是荷包不足的話,可是得要餐餐計較,但是便宜不代表要吃得窮酸,只要善用特價時段與打包文化,就可以用低廉的價錢吃到高級餐廳的食物。

日本飲食大不同
Working Holiday in Japan

訂位與帶位

前往熱門餐廳應事先訂位,除非是去速食店用餐,否則均要在門口等服務人員帶位,千萬不可以直接找位置坐下來,若是不確定是否需要先訂位,可上網查詢。訂位完成後,若是臨時有事無法前往,或無法在預期時間內抵達,均需提早撥電話通知餐廳。

日本餐廳搜尋
http www.jnto.go.jp/restaurant-search

套餐與單點

日本套餐價不一定比單點便宜,選擇餐點前可先比較價目表,尤其是速食店,套餐價格就是單點總和,購買前可以先看好自己想要的主餐、配料與飲料,不一定要購買套餐。

飲食優惠常用網站

HOT PEPPER:可線上訂位,常有優惠券。
http www.hotpepper.jp

食べログ:可線上訂位、查詢評論,深受日本人喜愛。
http tabelog.com

▲日本有很多食堂,價格一般都比餐廳便宜許多

▲定食是日本常見的套餐選擇　▲迴轉壽司是來日本必吃美食

▲日本套餐多半都有味噌湯或每日例湯

▲日本麥當勞大部分跟台灣差不多

過來人提醒

想吃高級餐廳，午餐時段多有優惠

在日本即使同樣的餐點，午餐卻比晚餐便宜，若是想吃高級餐廳卻又考慮費用，可以在午餐或特價時段享用。通常日本餐廳在中午都會推出午間套餐或午間定食，而每週或每日又有特定的優惠限定套餐，是省錢的最佳選擇。

若是外食機率很高，也可上網搜尋折價券，或是到金券行看優惠的餐廳食券，通常都會有意外的收穫。

▲金券行是挖便宜票券好去處

▲許多飯店有免費附早餐，是省錢妙招之一

▲善用午餐套餐或當日特惠，省錢吃美食

連鎖丼、蓋飯與定食

日本外食餐廳，一個人通常要￥1,000左右，同樣餐點，晚餐費用往往比午餐費用高出許多，若是想要外食卻又荷包有限的，可以選擇費用低廉的連鎖丼飯、蓋飯餐廳，只要￥500就可以享用日式定食或各式丼、蓋飯。除了吉野家、松屋、すき家等平價連鎖丼飯外，像是天丼、なか卯，還有やよい軒也都深受日本當地人喜愛。

▲松屋

貼心小叮嚀

女生盡量不要深夜獨自用餐

由於在日本，平價連鎖丼飯有許多都是24小時營業，是許多深夜未歸者或流浪漢等無家可歸的人常去的地方。日本人早期會認為像是松屋、吉野家等連鎖丼飯餐廳是男生去的地方，為了安全上的考量，女生晚上應盡量避免單獨用餐。在許多偏遠較少觀光客的區域，仍然可見一到晚上都是男子，卻沒有半個女生用餐的情況。

輕鬆看懂日文菜單

以吉野家官網為例。

丼：蓋飯
皿：僅有肉盤，沒有飯
定食：含有漬物、湯等套餐
カレー：咖哩飯
サイドメニュー：套餐選擇
朝定食：早餐套餐
お子セット：兒童餐

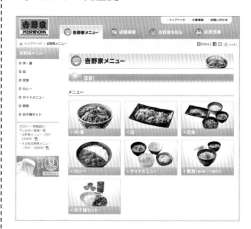

小盛：小碗	**並盛**：普通碗
大盛：大碗	**特盛**：特大碗
セット：套餐 (含小菜、湯)	

用投幣機點餐

許多日本餐廳為了減少人力，避免服務人員點錯餐點、找錯錢，都不設收銀櫃檯。點餐時必須先使用旁邊的點餐機器投幣付款，接著點選想要的餐點，拿到餐點兌換券後，可放在桌上或交由服務人員。

▲日本有些餐廳是使用點餐機點餐

站著吃 & 不邊走邊吃

在日本依然可看到僅供外帶的店家，如可麗餅、章魚燒、關東煮，或來自台灣的珍珠奶茶連鎖店等，部分店家會提供幾個座位，讓客人坐著享用完再走。即使未設座位的店家，也常見日本人買完外帶食物後，會在店家旁站著享用完畢才離開。

據說是因為除了觀光客眾多的街道外，一般日本街道設置垃圾桶的地方較少，加上邊走邊吃稍嫌不雅，也容易弄髒衣服，因此「邊走邊吃」的文化在日本並不盛行。

▲許多攤販會提供些許座位

雙主食

日本常常可見雙主食的餐點，一碗醬油拉麵搭配叉燒飯，或是蕎麥麵搭配咖哩飯，甚至還有餐廳的炒飯套餐會額外附一碗白飯的情況。而煎餃大多屬於配菜單點區，一般是 3 ～ 5 顆左右。若是到日本餐廳看到雙主食，千萬別誤以為那是雙人套餐。

▲雙主食是日本特色之一

必吃的日本美食

Working Holiday in Japan

　想到日本的代表美食，除了壽司與生魚片外，還有價格昂貴的懷石料理；各式蔬菜海鮮的炸天婦羅；來到居酒屋必定一手啤酒、一手串燒；或是知名的大阪燒與章魚燒……，以下列出來日本打工度假，一定不能錯過的日本美食。

壽喜燒（鋤燒き、すき焼き）

　在特製鐵鍋內，放入各種蔬菜、豆腐、蒟蒻，以及帶點甜味的調味醬汁，放入薄度適中的肉片，蘸上特殊醬汁食用，是品嘗壽喜燒的標準吃法。

天婦羅（天天ぶら）

　海鮮大多為鮮魚、蝦、墨魚、花枝等，蔬菜則為南瓜、地瓜、茄子等，裹上炸天婦羅特製麵粉後下鍋油炸而成。搭配天婦羅醬汁，是正餐或下酒的最佳料理。

　新鮮生魚片，搭配日式醬油與芥末，是清淡又美味的享受。

生魚片（刺身）

串燒（焼き鳥）

　串燒一般常見雞肉、雞皮或是雞肝等串成一串，涮上特製醬汁或灑鹽烘烤而成，也有牛、豬、羊肉串，或是將各式青菜與菇類一同串烤。

抵達日本

壽司（寿司）

帶點醋味的醋飯，加上切好的生魚片，或是帶點甜味的玉子燒，都是常見的壽司料理。若是不吃海鮮者，還可以選擇由黃瓜和鹹菜搭配海苔捲成的細長型卷壽司。

炸豬排（とんかつ）

將豬排裹上麵粉油炸而成，依據豬肉各部位價格均不相同。在日本各地都有專門的炸豬排定食店。

什錦燒（お好み焼き）

由高麗菜、洋蔥、培根等肉片，搭配特製麵粉煎製而成，食用時可搭配特製醬汁與柴魚片、海苔粉一同享用。

拉麵（ラーメン）

日本最為有名的拉麵，通常有分鹽味、醬油、味噌、咖哩、泡菜等多種口味。

是一般平民最喜歡的平價餐點之一，有湯麵和冷麵等不同吃法。

烏龍麵（うどん）

除了蕎麥麵與拉麵外，日本的烏龍麵也相當有名，知名的讚岐烏龍麵更是遍布日本全國。

蕎麥麵（そば、蕎麦）

餐廳種類

日本餐廳種類眾多,除了來自各國料理的餐廳外,各地區也有特定當地料理,如神戶牛排、明石的明石燒、各大知名拉麵店、高級餐廳的懷石料理、連鎖或私人營業的居酒屋、串燒店等等,擁有數不盡的美食餐廳,等你一一嘗遍。

屋台

日本屋台類似台灣的路邊攤,通常都在各大觀光區,或是有節慶祭典時會出現。

食堂

除了連鎖餐廳之外,日本有許多私人食堂,通常是平價的餐廳選擇之一,多半販售拉麵、蕎麥麵、烏龍麵、炒飯、煎餃、咖哩飯、天婦羅等日本常見的美食,費用往往比餐廳便宜許多。

美食街

日本的百貨公司也有和台灣相似的美食街,裡面有各式各樣的異國料理,種類豐富,價格比一般餐廳便宜許多。除了一般餐廳的選擇之外,也有提供前菜、沙拉、主食、飲料與湯品的套餐;還有麵包吃到飽的餐廳。

▲咖啡屋台

▲花笠食堂

▲(上)奧武島海產物食堂(下)蕎麥麵套餐

▲各式各樣餐廳與咖啡廳

建議依據人數選擇住宿類型，若是獨自或兩人同遊時，選擇青年旅館(HOSTEL)和ゲストハウス(Guest House)較為便宜。由於日本飯店4人以上的房間選擇不多，2間雙人房的價格有時會比1間4人房來得優惠。若是人數4～6人，可選擇公寓出租，租一整棟的公寓，附廚房、客廳，不僅便宜又有自己的空間。

住宿 APP 推薦

推薦 APP	說明
じゃらん	日本大型訂房網站，訂日本飯店與旅館的首選
TripAdvisor	具有豐富景點與入住客之旅館評論，公信力十足
Hi Hostels	全球最大的青年旅館網站的 APP，具有詳細各地資訊
Airbnb	公寓出租，可租套房或整棟

其他住宿 APP

Agoda　　Booking.com　　Hostelworld　　hotels.com

青年旅館
Working Holiday in Japan

若是對自己的日文沒有自信，青年旅館一定是最好的選擇，因為青年旅館的旅客多半來自世界各地，員工通常英文都相當流利，想要住得便宜又可以結交世界各地的朋友，一定要選擇青年旅館的住宿方式。

若是無法與陌生人共住一間或共用浴室，也可加價更換房型，而青年旅館通常都有交誼廳、廚房可免費使用，布告欄也都會公布免費聚會、派對、導覽等活動，不僅住宿便宜，櫃檯也有許多旅遊優惠的資訊可以詢問，是名符其實的「俗擱大碗」。

貼心 小 叮嚀

訂房網站好康多

除了一般訂房網 Agoda、Booking.com、Hotels.com 外，日本人最常用的是樂天、jalan 網站訂房。在日本旅遊可選擇的房間比一般全球訂房網多，加入網站會員可以累積點數，利用點數折抵住宿費，而網站還可以選擇預約訂房，現場再付款，相當方便。

樂天
🔗 travel.rakuten.co.jp

jalan
🔗 www.jalan.net

e 路東瀛
🔗 www.japanican.com/tw

▲東京淺草超高級的青年旅館

◀▲廚房、交誼廳都屬公共區域

▲一張雙人床是最常見的房型

▲許多青年旅館牙刷、吹風機均放在公共區域

青年旅館推薦網站

　　想要找青年旅館或ゲストハウス (Guest House)，可至下列網站搜尋，部分網頁有提供簡體中文，訂房相當容易，若是找不到適合的旅館，也可至以下網站搜尋看看。

■ Hostel
http www.jyh.or.jp/e/index.php
http www.hihostels.com
http www.hostelbookers.com
http www.hostelworld.com
http www.hosteltraveler.com

■ Guest House
http hanahostel.com/
　　 hostel-listing.html
http guesthousejapan.
　　 net
http www.japaneseguesthouses.com

商務旅館&溫泉旅館
Working Holiday in Japan

　　若是 2 人以上，也可選擇交通方便、附免費網路的商務旅館。由於日本商務旅館眾多，大多為連鎖集團，費用均在￥9,000 以內，品質有一定保證外，有些還有免費的早餐提供、晚餐時段也有免費咖哩飯、消夜時段還可享用拉麵、住宿期間還有大浴場可免費泡湯等等的服務，平均費用分擔下來，CP 值有時大勝青年旅館。若是加入會員，還有額外的點數與福利可以使用。以下列舉出在日本較為知名的商務旅館：

■ 東橫 INN：附免費早餐，部分分店晚餐附免費咖哩飯。
http www.toyoko-inn.com

■ APA Hotel：日本全國皆有分店，北陸分店眾多，部分分店有大浴場可泡湯。
http www.apahotel.com

抵達日本

■ Comfort Hotel：附早餐，可無線上網。
http www.choice-hotels.jp

■ Dormy Inn：9 成以上的分店都有大浴場可以泡湯，還有消夜時段可免費享用一碗拉麵或是咖哩飯等服務，早餐多半需額外付費。

■ 法華 Hotel：有浴場可泡湯。
http www.hokke.co.jp

■ Route Inn：許多分店分布在高速公路交流道旁；每家分店均有浴場可泡湯；在官網預約可享免費早餐。
http www.route-inn.co.jp

■ CHISUN Inn：屬 CHISUN 飯店集團，分為Grand、Resort、Hotel、Inn 等類別，其中 Inn 屬於商務型旅館。
http www.solarehotels.com/chisun

■ 西鉄 Inn：分店大多分布在九州，介於商務旅館與飯店間，部分分店有浴場可泡湯。
http www.n-inn.jp/index.php

■ Super Hotel：學生證可享 9 折優惠。
http www.superhotel.co.jp

其他商務旅館與溫泉旅館

■ 商務旅館
http www.jcha.or.jp
http japantraveleronline.tw/Top.aspx

■ 溫泉旅館
http onsen-ryokan.hk

▲▲價格便宜的旅館多半沒有乾濕分離

▲部分商務旅館提供早、晚餐券與溫泉券

▲價格高點的旅館除了浴廁乾濕分離，還有個人備品與沙發

▲ 2 張單人床也是常見房型之一

膠囊旅館&漫畫網咖

Working Holiday in Japan

　　膠囊旅館是日本特有的住宿文化，早期因為許多人趕不上末班電車，加上日本計程車費用昂貴，於是會就近找一間便宜的住宿睡一晚，因而有膠囊旅館(カプセルホテル)、漫畫網咖(マンガ喫茶)產生。

　　早期膠囊旅館的性別限制相當嚴格，許多膠囊旅館只限定男生入住，而不開放女生預約，近幾年觀光客盛行，許多膠囊旅館逐漸轉型，開始可接受女性入住。一般膠囊旅館均設有保險箱，可將貴重物品鎖起來，床位都有附小型電視、收音機、插座可供使用，而交誼廳除了漫畫與雜誌外，也都會提供一些簡單的輕食、咖啡或茶取用。缺點是，因為空間較小、隔音較差、鮮少有放置大行李箱的位置；加上大家身處同一個大房間裡，夏季時容易聞

▲膠囊旅館大多設有置物櫃

▲膠囊旅館

到別人因為天氣熱而散發出的體味。

　　若是要連住兩晚以上，必須先至櫃檯退房再重新登記，需要更換床位，無法連住同一床位。

公寓出租

Working Holiday in Japan

　　有許多日本當地人會將房子出租，滿像台灣的民宿，房型從單間到整棟都有，住的天數越多、價格越便宜，不過要注意，房東為了避免物品損害賠償，通常會要求押金，有些房東押金會變相成為清潔費而不退還，決定出租前應向房東再三確認費用，建議入住時可先查看評論，推薦airbnb網站。

airbnb http www.airbnb.com.tw

▲多人建議租附網路、廚房與客廳的房子

日式澡堂&桑拿中心

Working Holiday in Japan

　　想要泡湯，除了附有溫泉的溫泉旅館，也可選擇桑拿中心或是日式澡堂(錢湯)。一般澡堂均有置物櫃可鎖貴重物品，除了可以泡湯外，還有餐廳食堂、按摩椅、附電視的休憩廳等等，許多都是24小時開放，計費多半在￥3,000以內，也是一種另類的過夜方式。其中日本有名的「大江戶溫泉物語」就是天然溫泉的主題樂園，有可以仰望星空的露天溫泉、岩盤浴、足湯等多種溫泉設施，是來到日本必須體驗的項目之一。

抵達日本

日式澡堂、浴場大哉問！

日式澡堂在日本相當普遍，除了進澡堂要脫鞋，需先將身體沖洗乾淨後，才能入浴池等常識外，進入日式澡堂，請注重「禮節」，才能擁有泡澡好心情。以下有幾點原則需注意：

●若身上刻有刺青，不得進入

日本是一個比較傳統的國家，刺青很容易聯想此人「非善類」，所以為了避免會嚇到其他民眾，身上若有刺青者，不能進入浴場，即使是一個小圖案也不行，假如真的很想嘗試進澡堂的人，可以先用透氣繃帶貼住身上的小刺青。

●不要在澡堂內奔跑

大部分澡堂的地板都是瓷磚，雖有良好的排水系統，但由於地板濕滑，為了安全起見，還是不要在浴場內奔跑，避免滑倒。

●不要在澡堂洗衣服

通常在澡堂外面，都會設置付費的洗衣機，若想洗衣服，可多加利用。千萬別為了一時的方便，而直接使用澡堂淋浴的水龍頭來洗衣服。

●不可將毛巾帶入浴池

可以攜帶毛巾進入浴場，也可以將毛巾綁在頭上或放在頭上泡澡，但是為了衛生疑慮，毛巾千萬不可浸泡在浴池內。

●需擦乾身體再回更衣所

離開澡堂，要進入更衣所前，需先將身體擦乾，切勿溼淋淋地走回更衣所，這樣不僅會把地板弄濕，也相當不禮貌。

▲溫泉券

▲不得穿鞋入浴場

▲日式澡堂交誼廳有提供付費餐點

▲櫃檯

▲許多地方都有提供投幣式充電

▲通常櫃檯旁會有自動販賣機

▲日式榻榻米客房在日本相當常見

Travel *for* **Pleasure**

Work *for* **Experience**

Japan *Let's Go!*

Working Holiday in *Japan*

打工度假
實戰祕笈

About Work in Japan

有哪些工作可以選擇？

順利拿到簽證後，對於該選擇哪些工作沒有頭緒嗎？對於想應徵的工作項目還是不很清楚？想了解完整的工作內容，卻不知道該從何搜尋？本篇將一一為您解答。

求職祕訣與方法
Working Holiday in Japan

在日本打工度假，有人可在一年後賺了幾十萬台幣回台灣；有人則是在日本瘋狂旅遊，把錢花光；也有人回台灣後負債累累。同樣都是在日本打工度假，際遇卻是天差地別，本篇除了教你如何透過求職網站應徵工作，並詳細介紹打工度假常見工作類型，輕輕鬆鬆就能挑選一份適合自己的好工作。

找工作時機
Working Holiday in Japan

　　拿到日本打工度假簽證時，找工作是重要的環節之一，有人選擇在一個地區居住1年，賺取旅費後再旅行；有人選擇打工換宿的方式，3個月甚至更頻繁的移動，休假日再至鄰近地區旅行。不論選擇哪種打工度假方式，工作都是極為重要的一部分。

　　許多人擔心到日本找不到工作，而先在台灣透過代辦公司事先找好工作；有些人則是直接至當地後，再投遞履歷等等。以下說明「出發前」先找工作，以及「抵達後」再找工作的情況。

▲代辦公司提供的工作大部分都是飯店職缺

貼心小叮嚀

先在台灣找好工作，避免求職空窗期

　　抵達日本的第一個月花費較高，加上找到工作後，至下個月領薪水前，這段期間還沒有收入，因此至少需準備3個月的生活費在身邊，若是日文能力不佳，怕找不到工作，或擔心錢準備不足的人，建議可以事先在台灣找好工作，例如選擇包食宿的打工換宿，或是選擇提供宿舍的飯店、民宿等職缺，避開求職空窗期間所要支付的高額租屋費用，讓生活快速的步入軌道。

◀打工換宿可以省去昂貴的房租費用

出發前

有許多日本企業會直接來台灣找員工，有許多企業提出薪水普通，但吃住免費等福利來吸引求職者，多半以交通較為不便利的觀光地區，像是飯店、度假村與餐廳居多。另外可透過台灣的代辦或人資公司，協助尋找在日本的工作，部分公司需要支付一筆費用，有些公司也有提供免費的工作媒合服務。

抵達後

若是選擇抵達後再找工作，相較之下自由度較高，加上可以選擇的職缺較多，可以根據自己居住地、旅遊計畫隨時調整。即使是日文能力很好的人，但由於打工簽證期效僅有 1 年，加上許多日本雇主不太清楚簽證的規定，因此有不太願意聘請外國人的情況。

由於都市工作機會較多，建議盡量選擇市區，如東京新宿、澀谷，大阪難波、梅田等外國人聚集的城市，因為觀光客眾多，樂於雇用外籍員工的接受度較高，應徵的成功率自然較高。

▲都市的咖啡廳、餐廳比較多

找工作方法

Working Holiday in Japan

在日本找工作可以透過以下幾種方法：

朋友

透過朋友介紹，是最直接也是最好的方法，通常面試成功率高達 90%，而且有些工作若是沒有透過朋友介紹，還真的進不去。每認識一個在日本打工度假的朋友，就是累積人脈最好的時機。

由於透過朋友介紹，進去工作後，務必好好工作，用敬業認真的態度，提升台灣人的形象，增加雇主對於台灣人的印象，才可以延遞好職缺給下一位台灣人。

▲聚會是認識朋友最快速的方法之一

過來人提醒

禮多人不怪

若是透過朋友介紹工作，建議可帶一些伴手禮，或是一些台灣味的家鄉特產（如鳳梨酥、太陽餅、特產禮盒等等）答謝朋友，畢竟人家沒有義務要幫你介紹工作，俗話說「禮多人不怪」，在小地方重視禮節，對方也必然會對你的印象加分。

代辦、人資仲介公司

在繳交日本打工度假簽證時，日本交流協會外面會有許多代辦公司人員發放傳單，只要填寫一下基本資料，就可以參加免費工作講座。另外，尋求日本合法人力派遣公司，也是安全又保險的方法之一。

通常從代辦、人資仲介公司找到的工作，有一定程度的保障，遠離都市的機會相對較高，可以去許多偏遠地區工作，若是和人資仲介公司打好關係，在上一份工作表現良好，還可以請原雇主或主管、仲介公司等寫推薦信，有助於找到下份工作。

各區公布欄、招募海報

在背包客棧、超市、便利商店、語言學校、購物中心、圖書館等，只要有公布欄出現的地方，都有貼工作機會的可能，其中有許多是短期需要大量人力的工作資訊，尤其是節慶、觀光旺季時，常常會有大量人力短缺的情況發生。

▲招募海報除了兼職外，也有正職的工作

過來人提醒

扣稅金額有差別

通常透過仲介公司找到的工作都會按照打工度假簽證規定，除了保證工作合法性外，若是每個月薪水達 10 萬日幣，需徵收達 20% 的源泉徵收稅，也就是每個月至少 2 萬日幣。而部分打工前輩只被扣到 5～10% 或甚至沒扣稅，有可能是因為雇主以日本居民身分來核算薪水。

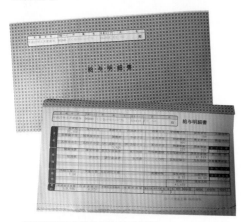

▲薪資明細表會清楚列出是否扣稅

登門投遞履歷

許多日本店家和台灣一樣會在門口貼徵人啟事，也會寫明工作時數與薪水，建議可以從住家附近的小店開始找起，一來省下昂貴交通費，二來因為小店面的餐廳與店家通常不會費心或額外花錢去做網路及雜誌廣告，往往都是門口貼徵人

啟事，由於應徵的人較少，被雇用的機率相對提高。

▲在餐廳看到徵人啟事，建議先打電話預約面試

過來人提醒

直接進去應徵不禮貌

在日本直接進去應徵是比較不禮貌的行為，建議可以記下電話，然後撥電話過去和主管預約面試時間，是比較洽當且有禮貌的行為。

打工情報誌與報紙

地區性的報紙、背包客雜誌或工作周刊等，還有在日本發行量相當大的求才雜誌，上面也會有一些工作的資訊。在日本求才雜誌分為兩種，一種是必須花錢購買，內容比較豐富嚴謹，在便利商店或是一般書店街可取得。另外一種是免費的，如「TOWNWORK」雜誌，日本大部分車站、便利商店、大型購物中心與超市均有 TOWNWORK 雜誌架，每週都會更新，依據地區不同也會提供不同的職缺，可免費索取。雜誌內都會提供店家情報以及連絡方式，可以自行篩選後打電話去應

徵。TOWNWORK 求人誌的優點在於地區性極強，提供的都是當地合法店家，不用擔心找到黑工或是違法的工作，裡面還有提供電話應徵及面試時需注意的事項，還附空白履歷可使用。

▲ TOWNWORK 有依據地區發行特定的地區工作

求職網站

日本有許多求職網站，提供大量的雇主訊息，比雜誌方便許多，能馬上得知最新的工作訊息，也可依照都、道、府、縣、工作類別來搜尋，甚至可以直接搜尋外國人、附工作餐、交通津貼補給等各類條件。

若是想要一邊旅行、一邊賺取旅費，也可選擇派遣公司，登記為派遣員，由於派遣工作的範圍較廣，地區與時間也較自由，比起定點工作更適合旅行的人，在求職網站搜尋工作時 (P.122)，可依照自身條件去搜尋適合的工作。

Hellowork

是由日本厚生勞動省營運機構，提供找工作的服務，工作都是合法經過認證的。需先到 Hellowork 辦事處進行註冊，填寫個人資料、工作履歷表，再至電腦區挑選想要面試的工作。或由 Hellowork 人員幫你在資料庫搜尋合適的工作，再幫你打電話預約面試，非常適合想要面試，但怕電話敬語用得不夠洽當，或日文能力較不佳的人。
http www.hellowork.go.jp

貼心小叮嚀

空白履歷可使用

TOWNWORK 工作情報誌也有空白履歷表，可多加使用。

1 戶籍地址
2 通訊地址
3 學歷及工作經歷
4 駕照或證照資格
5 其他需說明的事項
6 選擇工作的動機、特殊專長、喜愛學科
7 希望待遇 (薪水、應徵職務、上班時間、上班場所)
8 面試官評語
9 可以上班日

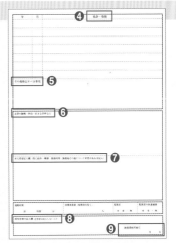

臉書社團、背包客棧、批踢踢海外打工旅遊板

　　臉書社團、背包客棧日本打工度假板，以及知名論壇批踢踢海外打工旅遊板上，都有許多前輩或是雇主上去徵人，工作機會眾多，若是透過前輩介紹的工作，面試成功機率甚高，但由於是公開文章，其中有許多不實廣告或有爭議的工作，建議在應徵前，務必事先查詢其他前輩對此工作的評價，切勿貿然前往。

■背包客棧

http www.backpackers.com.tw/forum

(點選「打工度假」→「日本打工度假」→「日本工作機會」)

■批踢踢打工旅遊板 (WorkanTravel)

http www.ptt.cc/bbs/WorkanTravel/index.html

■臉書社團 (上網搜尋)

　　日本打工度假互助會、日本打工度假同好會、InniConsulting JP Working Holiday、Japan 日本打工度假同學會、在日工作 (定居) 台灣人交流討論版。

▲臉書社團工作眾多，建議先上網搜尋評價

▲只要搜尋「在日」、「日本」、「日本打工」就可以搜尋到一堆臉書社團

▲背包客棧打工度假板，除了工作外，住宿或買賣二手家具的資訊都有

找工作須注意
Working Holiday in Japan

　　在打工度假期間，時常有一些不好的傳聞，例如：有人工作整天沒領到薪水、還沒工作就被騙保證金、在加工廠打工不慎受傷，卻因為是違法黑工，沒有勞工保險，還需要支付龐大醫藥費等等。因此，找工作務必清楚工作內容以及公司合法性，以下列舉必須注意的事項。

■黑工或不報稅

　　持有日本打工度假簽證，表示可以在日本合法打工，但仍有可能會做到「非法」的工作。一般常見的黑工，指的是領現金、雇主不報稅的公司，這種工作是非法的。由於雇主未報稅，自然不會有勞工保險，萬一受傷需自行負責，嚴重的話還可能會被取消簽證資格等，切勿以身試法。倘若只是房東請你幫忙打掃，或是主管請你幫忙做事而額外給你一些錢，這是可以不用繳稅的。

保證金

找工作時，部分仲介、代辦公司可能會收取保證金，因為擔心你工作到一半跑掉，通常這種保證金都會立下契約或收據，在工作期滿後將保證金退還。但有時會遇上工作期滿後，雇主或仲介公司找理由亂扣保證金；或是工作結束後，突然跟你索取一筆保證金，這都是不合理的。除了在工作前需問清楚外，若是工作結束仍然遇到此狀況，可以直接報警處理。

無薪試工

比如說剛到餐廳工作，因為沒有經驗，雇主還需要請人教你，在剛開始工作期間屬於還沒有產值的情況下，部分雇主會希望你先試做，在日本一般都是屬於「研修期間」，可能會支付較少的薪水，比如原先1小時¥1,000，研修期間為¥900，一般無薪水的免費試工較不常見。

若是應徵時雇主提出無薪試工，可自行評估，一般2、3個小時到半天，都還是可以接受的合理範圍。若是雇主提出幾天或是一週，就是相當不合理的事，就算最後可以如願應徵上工作，遇到這種摳門雇主，通常工作待遇都不是很好。

虛報稅金

持打工度假簽證者，因為可以短期打工，在日本法律屬於「非居住者」的範圍，所以會被扣薪水20%的「源泉徵收」稅。在打工期間，有人薪水被扣20%、10%、5%等，很可能是雇主將打工度假者當成一般日本居民的算法核算薪水，收到薪資單時務必看清楚，避免雇主其實是以日本居民算法報稅，卻扣取你20%薪水，剩下10%以上進入雇主口袋的事情發生。

人身安全

尤其是偏遠地區的工作，女生需特別留意雇主或其他同住的打工者，小心性騷擾或是性侵的可能，只要覺得氣氛不對，應立即反映離開，保護自己的人身安全。除此之外，也需注意個人身體狀況，如長時間彎腰、持續性使用同樣器材、反覆重複同動作或是搬重物等等，長期下來可能會影響健康，切勿因小失大。

▲日本人下班時常相約喝酒

勞工諮詢管道

日本在市、區、町、村等辦公機構均有設置法律、制度等各領域的諮詢窗口，或可至國際交流協會尋求諮詢。另外，如果發生了法律糾紛，可以至「獨立行政法人日本司法支援中心」或各地區的律師公會等機構尋求幫助。

日本司法支援センター
http www.houterasu.or.jp

找工作的管道
Working Holiday in Japan

新卒&轉職工作
Working Holiday in Japan

日本的工作機會可以簡單分為兩種，一種是針對應屆畢業生的新卒工作，也就是無工作經驗的「新卒工作」；另一種則是提供給有工作經驗的人的「轉職工作」。

轉職工作又可以分為正職(契約員工)、派遣兩種，要找正職(契約員工)工作的話，可利用求職網站或人力仲介公司；若是要找派遣工作，可諮詢人力派遣公司，登錄個人資料不僅免費外，甚至還有提供免費履歷表修改，以及模擬面試練習等服務。

貼心小叮嚀

新卒工作只針對新鮮人

求職介面顯示的新卒工作，是針對應屆畢業生才能應徵的工作，通常繳交履歷表等應徵資料後，需參加企業說明會，以及各企業舉辦的考試，通過之後就進入面試階段。外國留學生也和日本學生採相同方式，若是剛畢業就前往日本打工度假的新鮮人，不妨可以選擇新卒工作，由於新卒工作大多是受歡迎的大企業，競爭通常很激烈，光是面試可能就要4～5次。

常用求職網站
Working Holiday in Japan

バイトル
特點▶ 定期收到打工訊息

加入會員、儲存履歷表後，可接受雇主主動聯絡郵件，設有外國人專用的頁面，只要登錄自己希望的打工條件，就能定期收到符合條件打工的最新訊息。

http www.baitoru.com

マスナビ
特點▶ 日本最大的人力公司

日本最大的人力公司「マイナビ」所經營的打工情報網站，有短期工作、高收入工作、當日或每週支付薪水等各類打工訊息，免費加入會員後，能定期收到最新的工作訊息。

http massnavi.com

Asia Now
特點▶ 留學生、外國人專用

留學生與外國人的專用網站，使用此網站應徵，會先進行面試，評估日文能力，再依照能力介紹適合的工作。

http www.asia-now.net

Aines
特點▶ 學生專用

專門提供給學生打工的求職網站，非在籍學生可以用訪客的身分查詢工作資訊。提供職缺的店家，大都經過認證，較無違法的疑慮。

http www.aines.net

リクナビ NEXT
特點▶ 日本最大求職網

日本最大的求職網站。工作機會多，每個月寄出大約300萬封以上的企業主動聯絡信。

🌐 next.rikunabi.com

AN
特點▶ 有飯店工作訊息專頁

加入會員，登錄希望工作條件、有興趣的工作後，每週會有2～3次工作訊息的電子報，網站內有單次、短期、高收入、區域性的工作訊息，還提供打工指南。

🌐 weban.jp

ジョブセンス
特點▶ 錄取後可領祝賀金

最大的魅力是打工錄取後，可領到一筆祝賀金。在網站上輸入「外国人OK」便可搜尋適合外國人的工作，對找打工的外國人而言，是個很方便的設計。餐飲店、手機直營店的工作訊息很豐富。

🌐 j-sen.jp

🌐 j-sen.jp/kanto/special_foreigner.htm(針對外國人)
(點選「バイトTOP」→「アルバイトを特徴から検索」→「外国人OKのバイト」)

from Anavi
特點▶ 提供英文打工訊息

主要集中在東京都、埼玉縣、千葉縣、神奈川縣的求職訊息，還提供履歷表寫法、面試技巧、敬語小測驗等實用資訊，以及英文打工訊息的專用頁面。

🌐 www.froma.com

(點選「人気の条件からアルバイト・バイトを探す」→「英語」)

日經就職ナビ
特點▶ 外國留學生專頁

免費註冊會員後，可使用外國留學生的頁面，有許多雇用外國留學生的工作機會，也可以直接透過網站應徵。

🌐 job.nikkei.co.jp/2016/sp_open/foreign

TOWNWORK
特點▶ 區域性工作訊息豐富

打工情報誌的網路版本，區域性的工作訊息相當豐富，網站上工作搜尋方式劃分相當細，可針對各區域內的車站來搜尋，可設定無經驗可、短期、長期等條件篩選，也有提供使用英文的工作訊息。

🌐 townwork.net

shotworks
特點▶ 短期、臨時工

主要提供短期或是臨時工作，最短一天，最長到數個月不等，註冊會員、登記個人資料後，便可以在手機、網站上尋找合適的工作，並進行登記，在工作當天到達現場即可，薪資則是每月指定日期發放。其中要注意的是要會基本日語，若是現場無法溝通，很可能會被當面拒絕。

🌐 shotworks.jp

リクナビ
特點▶ 最大的新卒求職網

日本國內最大的新卒工作求職網站。有許多限定的工作機會，建議一定要登錄。

🌐 job.rikunabi.com

カタコトバイト

特點▶ 適合日文差的人

若是對自己的日文能力沒有信心，或是剛到日本找工作卻處處碰壁，可以到專門雇用外國人、語言能力要求不高的求人網站。

http kata-koto.com

過來人提醒

有專業能力能找到不錯的工作

在日本打工度假除了常見的餐飲業、旅館房務、便當工廠等勞力工作外，若是有特別的專業能力，還是可以找到不錯的工作，例如美編外包、網頁設計、程式設計等等。即使拿打工度假簽證，一樣可以應徵正職工作，若在打工度假期間表現良好，雇主很可能會幫你轉成工作簽證。

其他求職網站參考

とらばーゆ http toranet.jp

Find Job！ http www.find-job.net

global leader http www.globalleadernavi.com

ランスタッド http job2.randstad.co.jp

インテリアデザイン http job.tenpodesign.com

カモメ http kamome.cn

マイナビバイト http baito.mynavi.jp

ジェイウォーム http www.jwarm.net

みんなの求人板 http kyujinban.jp

Job Offer http www.job-offer.jp

仲介公司
Working Holiday in Japan

リクルートグループサイト

特點▶ 知名企業眾多

除了日本頗具規模的大企業外，也有許多外商公司，或是積極拓展海外市場的日商企業等，是在日本轉職工作介紹頗具規模的人力公司。

http www.r-agent.com

JAC Recruitment

特點▶ 外商與海外市場日商企業多

以外商公司與積極拓展海外市場的日商企業為主，除了日本外，在英國、新加坡、泰國、馬來西亞等地方都有據點。

http www.jac-recruitment.jp

派遣公司
Working Holiday in Japan

リクルートスタッフィング

特點▶ 派遣工作數量最多

主要以派遣員工為主，工作機會數量排名日本第一。由於員工福利制度完善，加上派遣員工的健康保險費率較低，還享有健身房的優惠折扣價，是派遣員工首選的公司。

http www.r-staffing.co.jp

Adecco

特點▶ 外商人力派遣公司

總公司在瑞士的外商人力派遣公司，提供許多英文翻譯、口譯、行政工作等使用英文的派遣工作機會。

http www.adecco.co.jp

打工換宿網站

Working Holiday in Japan

若是擔心無法支付一開始的初期費用，或是對自己的日文能力沒有把握，可選擇供食宿的打工換宿，一般都是農場、果園、牧場、工廠、民宿等第一級產業，和雇主同住或是住工作宿舍，可以享受最道地的料理、學習最純正的方言、製造最特別的旅行回憶。

由於換宿的雇主大多為日本人，不僅可以免費學習日文外，還可以學到相關技能。如在農場換宿，可以學習種植農作物的知識，包含播種、施肥、採收等；在民宿換宿，可以學習旅館管理、學習用商業英日文郵件與顧客溝通；在牧場換宿，可以學習畜養動物的祕訣；在手工藝品店換宿，可以學習手工藝品編織手法，以及藝品材料等知識；在咖啡廳換宿，則可學習如何挑選咖啡豆、烘焙、拉花等相關知識。以上皆是在換宿過程中可無償學習到的專業知識，是不是超級划算呢！

WWOOF 特點▶ 工作大多包吃住

WWOOF(World Wide Opportunities on Organic Farms 的縮寫)，源自 1970 年代的英國，起初是為了提倡週休二日到農村體驗生活，協助有機農場生產有機作物的國際性組織，逐漸發展成全球性網絡，截至目前為止已有數十個國家加入。由於各國 WWOOF 皆為獨立運作，註冊需由國家作為區分，如：欲前往沖繩和加拿大換宿，需同時上日本和加拿大的 WWOOF 網站註冊，繳取兩次費用。

早期工作性質多為農牧場，地點較多集中在郊區與離島等鄉下地方，近期工作種類遞增，不僅可體驗農牧場生活，還可學習騎馬、料理、潛水、民宿經營等多種內容。

🌐 www.wwoofjapan.com

打工換宿獲取新知

打工換宿是一種透過勞力換取食宿的交換方式，志願者 (WWOOFer、Helper、Worker) 需到換宿地點工作，每日約 3～6 小時不等，週休一日，學習農作技術、體驗生活，不需負擔任何費用，而雇主則以食宿、技能等回饋之，建立在互相信任、經驗交流的原則上。雙方沒有金錢上的交易，意即雇主不需支付任何酬勞，志願者也無需繳交任何學費或收取薪資。若是使用觀光簽證也可前往打工換宿，期限可長達 90 天。

ボラバイト 特點▶ 有薪農牧場工作

ボラバイト (Volubeit) ＝ volunteer + arbeit，類似 WWOOF 的性質，但會支付少量薪水，必須要有能打工的簽證，如打工簽證，或附有工作指定書的留學簽證。

🌐 www.volubeit.com

HelpX 特點▶ 換宿類型繁多

HelpX(HelpX Exchange 的縮寫)，2001 年由英國背包客羅伯·普林斯 (Rob Prince) 創立，也是透過勞力換取食宿的資訊平台。網站涵蓋美國、澳洲、紐西蘭、日本等多國，僅需加入一次會員，即可選擇至各國換宿，工作型態相當多樣化，如砍柴、搭建房屋、保母、語言教學、農牧場、旅館經營等。

▲ 在南城市的手工雜貨店打工換宿

🌐 www.helpx.net

工作類型剖析
Working Holiday In Japan

除了一般餐廳服務生、旅館房務清潔人員、便利商店收銀員、飯店櫃檯、農牧場工作人員等常見工作之外，在日本還有許多工作可選擇。若是有專業技能，如護士、保母等資格，也都可以在日本找尋相關工作；或像是健身教練、程式設計師、插畫外包、電腦組裝……，只要是合法的工作，都可以去試看看！以下列舉出在日本比較常見的工作種類及特色，讓你能更進一步了解工作內容，選擇適合自己的工作。

餐飲類
Working Holiday in Japan

餐飲業是打工種類中最容易應徵上的工作，不論是都市或偏遠地區，均有餐廳、咖啡店等餐飲性質的工作。若是語言能力較好，大多可以應徵上外場工作；語言能力差的也能應徵上洗碗或內場工作，以下列舉出餐飲類的工作：

餐廳

餐廳是最普遍的工作場所，工作職位也依各餐廳類型而有所不同，如自助餐(Buffet)，可能不會有專門的服務生，卻多了特定食材的準備人員；含表演性質的餐廳會多了樂手、表演者等，各餐廳均有不同工作內容的人員。

客人一進餐廳，會有帶位人員協助座位安排，服務生遞送茶水，介紹菜單、點餐、

▲內場多半是備菜、洗碗等較不需要講日文的工作

上菜，於客人享用餐點的同時，適時出現詢問餐點滿意與否，及是否需加點甜點部分，結帳則會有專門收銀的人員。

內場常見的工作多半是助理性質，即是幫廚。舉凡洗菜、切菜、補充食材、內場清潔、打掃等，規模較大的餐廳還會額外徵洗碗工，專門協助碗盤洗滌、分類並搬運，因為往往需要大量體力，因此多以男性為主要招募對象。

▲收銀的外場工作就需要整天面對客人

▲觀光區的餐廳往往很缺人

咖啡店

咖啡店工作性質與餐廳相仿，外場工作不外乎點餐、送餐點、收銀、整理，而內場則是清洗、備料。部分咖啡廳也會販賣簡餐、義大利麵等料理，在日本可常常看見許多連鎖咖啡廳，如Starbucks、Excelsior、Tully's、DOUTOR 等等，若是喜歡咖啡、甜點的人可以考慮咖啡廳的工作。

▲ **Excelsior Caffe 是日本知名連鎖咖啡廳**

▲英文不錯的人可以考慮 Starbucks

速食店

在日本除了常見的麥當勞、肯德基、漢堡王、達美樂、摩斯漢堡、Pizza Hut 外，還有 A&W、LOTTERIA，以及其他大大小小連鎖或是自營的速食店。由於速食店屬於流動率較高的工作，應徵時會有標準作業程序 (SOP) 可供參考，不太需要擔心無法適應上手的問題。通常速食店工作崗位均須輪調，需要學會廚房人員的備料、煎肉、炸薯條，還有外場櫃檯點餐、收銀、關店清潔的工作。若是在披薩店，還會有外送餐點的工作內容。

▲ Lotteria 是日本知名連鎖速食店

居酒屋

日本居酒屋的薪水普遍較高，上班時間也較晚，通常需要到凌晨 2、3 點，建議尋找在住家附近的居酒屋上班，且需備有腳踏車等交通工具。居酒屋大多都未禁菸，少部分居酒屋有分禁菸區與吸菸區，但是大多在同一個空間內，即使是禁菸區仍然會有菸味，若是對菸味較為敏感的人，可能就要考慮是否合適。

▲在居酒屋上班時常可以吃到好吃料理

▲上班須背一長串的酒單

表演類

Working Holiday in Japan

只要臉皮厚，有才藝的你也可以成為街頭藝人，當街頭藝人最重要的就是賺取特殊經驗，和人分享樂趣，同時也有現金回饋，得失心切勿太重，能把樂趣和感動分享給大家才是最重要的。在日本常見街頭藝人，主要分為3種，分別為音樂演奏、特殊表演、藝術才藝。

想要成為街頭藝人，必須考取執照「大道芸人ライセンス」，依地區分配，假設在東京考到執照，那表演範圍僅能限於東京，到大阪時須重新考取。而表演場所、時間、使用設備等，均依照各地區規定，如特定公園或廣場，切勿以為考到執照後就可以在任何場地演出。即使是在合乎規定的地區演出，也必須向該區的警察局提出「道路使用許可」，申請費用為￥2,000，未申請就私自演出，可是會被警察開罰單的。

大阪
🔗 www.osaka-performer.com/license.html

東京都生活文化局
🔗 www.seikatubunka.metro.tokyo.jp
（選擇「文化振興」➔「東京都の文化政策」➔「ヘブンアーティスト」）

如何成為街頭藝人

其實日本有許多街頭藝人（大道芸人）的相關網站，只要考取執照後，就可透過網站尋找街頭藝人的派遣工作。

Free Wave
🔗 www.f-w.co.jp

イベントパートナー
🔗 www.event-partners.net

東京義賊
🔗 www.tokyogizoku.jp

音樂演奏

常見的唱歌、演奏樂器、樂團演唱都屬於音樂演奏型，例如拿吉他或電子琴演奏，自彈自唱，或是自行打鼓、演奏薩克斯風、拉小提琴，若是有自行錄製的CD，也可擺在旁邊販賣。一般音樂演奏主要聚集在行人徒步區與露天咖啡廳。

▲唱歌、跳舞是最常見的表演之一

特殊表演

魔術、特技、雜耍等都屬於特殊表演，通常會有特殊服裝來輔助演出，若是帶點東方風情，如扯鈴、踢毽子等都屬於表演類。這類表演需要較大一點的場地，地點多半集中人群眾多的地方。

▲魔術表演

藝術才藝

販賣自行攝影的明信片、寫春聯、素描繪畫等等，都屬於藝術才藝型，這種通常屬於靜態，提供服務或是商品，只要將作品擺出來，就會吸引人群。通常出現在夜晚商店街關閉時，店家門口常可見到繪畫、攝影、鋁線折製而成的機器人等等。

樂園類

餐廳工作活動範圍僅只於室內，但在主題樂園、度假村、國家公園等大型場所工作，內容五花八門，得接受日曬雨淋或是街頭叫賣、操作大型遊樂措施、維持現場秩序，還得維護顧客安全，責任重大。

通常為團體面試

日本主題樂園眾多，像是東京迪士尼樂園、大阪環球影城、富士山的富士急樂園、九州豪斯登堡等，工作內容包羅萬象。主題樂園徵人大多採取集體面試，會在官方網站公布最近一期徵人消息，並在指定時間內前往面試。由於面試人數較多，通常會團體面試，內容不外乎：為什麼要應徵主題樂園、對主題樂園的期望、填寫個人資料時，還需勾選希望應徵職務，大多可複選。工作內容分為面對客人與不面對客人的幕後工作，經過面試官面試後，則依照樂園的規定，靜候面試結果。

▲攤販服務員

▲遊戲操作員

工作時間取決於公司安排

面對包羅萬象的工作，你可能擔任不只一種職務，哪個單位缺少人手，你得前往遞補。旺季可能一個禮拜工作 7 天；淡季可能一個禮拜只有 2 天。有時候上班到一半，主管會請你回家，以便減少工時；有時候休假在家睡覺，接到電話你就得立刻上班。工作時間往往取決於公司，天氣好、客人多，相對的工作時數會較長；天氣差、客人少，工作時數自然遞減。

▲在遊樂園工作時常要面對客人

過來人提醒

各樂園面試結果通知方式不同

面試環球影城的，是到等待區等待面試結果，當天就可以得知有沒有錄取，而面試迪士尼樂園的，則是回去等候信件通知。

工作收穫較一般工作豐富

雖說工作時數不穩定，要學會的工作不只一種，但可以認識更多不同國家的人，彼此文化交流；工作結束，還可以玩遍遊樂設施；遇到特殊節慶，可以觀賞遊行表演、煙火秀；工作時數少時，也可以安排前往其他城市，來個小旅行，這些特殊經驗都是一般小型餐廳無法體驗到的。

▲打掃完畢就可以下班

▲即使大熱天，也得穿玩偶裝表演

▲日式榻榻米房型有許多棉被、被單、床墊等

旅館類
Working Holiday in Japan

日本觀光客眾多，因此有許多飯店、旅館、民宿與背包客棧，除了飯店櫃檯需要較好的日文能力，其他工作所要求的語言能力不高，門檻較低，日語能力較差的人也能勝任。在飯店、旅館工作都在室內，不用接受風吹日曬雨淋，排班較固定，薪水相對穩定，是存錢的好工作之一。

清潔

清潔類的工作內容比較簡單，就是客房整理、公共空間清潔，工作內容通常有完整的標準作業程序 (SOP) 遵循，出錯率較低，也較容易上手；房務員的工作內容就是清潔，整天工作下來多半是自己一個人獨立完成，少與人接觸，相對的工作性質較枯燥乏味。

櫃檯

櫃檯人員的門檻較高，往往需要流利的日文與基本的英文能力，應對能力與反應也需良好。由於櫃檯屬於飯店的第一線工作人員，個性需要活潑外向，若是害羞內向、日語能力較差者，可能無法勝任。除此之外，飯店櫃檯工作時數大多為 2 ～ 3 班制，時間從 8 ～ 12 小時不等，時常需要久站。

▲飯店櫃檯需要良好的英、日文

農場、牧場、工廠類

Working Holiday in Japan

農、牧場大多集中在北海道、青森、沖繩等較為鄉下地方，農牧場、果園工作相當辛苦，除了必須忍受豔陽酷曬外，還需要搬重物，工作時還會有一大群昆蟲與小動物相伴，以下列舉出較為常見的種類。

牧場

工作時間通常從早上7點開始，甚至更早。牧場工作大多會有午休時間，適合愛好動物、想體驗牧場生活的人。要前往牧場工作前，應清楚完整的工作內容，在牧場工作除了清洗豬、牛、羊舍等外，還需每天清掃糞便，絕對不是擠擠牛奶、趕趕羊群這麼簡單。

農場

通常農場、果園的工作必須頂著大太陽爬上梯子摘採果實，又需搬重物，相當辛苦。遇到論件計酬的果園，有時還會因為搶快不小心受傷。若是選擇到農場工作，建議可先上網查詢該農場的評價與其他前輩的情報。想體驗農場生活、學習農業技術等，可往 WWOOF、ボラバイト嘗試。

工廠

日本是海島國家，海鮮水產豐富，可以找到相關的加工廠工作，但此類型工作比較需要體力和膽量，有時必須肢解動物，若是選擇肉品、海鮮等加工廠，工作環境通常有腥臭味，且屬較高溫或較低溫的狀況，能忍受以上條件再應徵。

▲有時需要一人操作一台機器

▲北海道牧場

▲在農場工作必須得全副武裝　▲工廠的機器種類繁多

季節、節慶類

Working Holiday in Japan

日本節慶與祭典眾多，每個祭典都會湧現滿滿人群與錢潮，周邊的旅館、超市、便利商店、餐廳等都會開始大量徵才，或是徵短期工，好應付祭典這波旺季人潮。可直接鎖定日本某祭典或節慶 (詳見 P.16)，再依據祭典區域開始搜尋工作，通常會有不錯的收穫。

雪場工作網站推薦

雪場工作
http www.skijobaito.com/work7.htm

HUNTER MOUNT
http www.hunter.co.jp

GALA
http www.galaresort.jp/winter

日光湯元滑雪場
http skibaito.net

季節類

■滑雪場

▲免費滑雪是最好的員工福利

冬天時，各雪山上的滑雪場、度假村，以及雪場周邊的旅館、餐廳、超市及相關的商家都會開始營業，應徵一季的員工，隨著滑雪者、觀光客的湧入，工作也相對開始增加，其中雪場的薪水通常不錯，免費滑雪的員工福利，開暇休假時，可以自行滑雪，感受一下雪地風情。

■潛水員

像是沖繩等潛水勝地，通常在夏季也會開始徵人，員工福利可以免費潛水，甚至考取潛水執照等，適合喜歡陽光、不怕曬、嚮往海洋及海邊生活的人。除了知名度假村、飯店外，也可以選擇潛水公司。

▶在潛水公司最大的福利就是可以免費潛水

節慶類

屬於特定時間內才有的臨時性工作，算是比較有趣的體驗，要做這類工作要必須事先查詢各大城市的慶典與祭典時間 (詳見 P.16)，適合移動頻繁、不在固定地區久住的打工度假者。

▲人力車是時薪相當高的工作

▲節慶時攤販通常很缺人手

連鎖商店

一般人對於連鎖商店較不陌生，除了餐廳業常見的連鎖速食店、連鎖咖啡廳外，在日本還有許多連鎖超市、藥妝店、便利商店等，工作性質也較單純，如：補貨、結帳收銀，時數通常是從早上7點到晚上10點。若是24小時便利商店，凌晨上班還會有深夜津貼，工作在室內，不需忍受風吹日曬，算是相當輕鬆的工作。

▲ ABC Mart 連鎖運動用品店　▲ GU 是 Uniqlo 的副牌

便利商店

日本大部分便利商店均會額外販賣炸物、關東煮等簡單料理，有時櫃檯人員還需準備食材、烹煮炸物等廚房事務。除此之外，日本許多便利商店也提供快遞服務與咖啡甜點吧等，工作內容的種類越來越豐富。

▲全家便利商店　▲收銀人員是練習日文的最好機會

超市

超市時數比餐廳長，一般餐廳可能分午、晚班（兩班制），一個班平均時數是3～4小時，時數較少，相對的薪水較少，若是選擇在超市收銀打工，可以從早上7點開始連上8小時或更久，工作性質單純，內容簡單，加上工作環境大多是室內有冷氣，無需忍受腥臭味或小動物侵擾。

▲語言能力較差的可以選擇貨品上架的工作

藥妝店

大多在觀光客眾多的商店街，其中的唐吉訶德（ドン・キホーテ）更是24小時營業，由於觀光客眾多，常遇到講中文的客人，因此許多藥妝店開始相繼徵求會講中文的員工，時薪常可達千元日幣以上，但通常會要求基本的日文能力，因為販賣眾多藥品，若是日文能力不好的人，光是補貨上架就相當吃力，適合日語有基礎的人。除此之外，2014年開始的免稅關係，各家藥妝店結帳時，針對免稅的免稅櫃檯也需要會中文的店員。

▲藥妝店免稅櫃檯通常由會中文的店員擔任

Japan

Let's Go!

Travel
for
Pleasure

Work
for
Experience

¥ お会計 CASHIER
收银台
계산대

Working Holiday in *Japan*

在地生活
實用指南
Living in Japan

生活中的大小事

來到日本生活，生活習慣和台灣有什麼不同？面對物價消費極高的日本，該如何省錢撿便宜呢？舉凡購物、尋找美食、突發狀況，只要與生活息息相關的疑難雜症，都收錄在本篇。

省錢料理自己做
Working Holiday In Japan

在日本工作期間讓我成長最多的非屬廚藝不可！因為平日鮮少有機會去餐廳覓食，加上外食費用開銷極大，上網搜尋簡易料理食譜，在家自煮可以節省一半以上的食費，不但滿足口腹之欲，還大大節省了荷包！

簡易早餐自己來
Working Holiday In Japan

在日本沒有賣燒餅油條的永和豆漿，也沒有賣蛋餅三明治的美而美早餐，如果去餐廳買三明治價格又昂貴，所以在打工期間，可自己做簡易早餐，平均一餐只要￥50！

▲▲法式香蕉吐司：吐司沾蛋液煎，加點糖或香蕉

▲法式焦糖蘋果塔：將蘋果橫切成片，放入奶油煎至金黃，配上煎過的吐司塊，灑上糖粉

果醬

吐司搭配果醬，實在美味！搭配花生或巧克力醬等喜愛的果醬，早餐就大功告成！如果沒有指定特定品牌，百元店的果醬便宜又划算！或是超市、便利商店推出的自家商品，都是便宜的選項之一。

▲這款巧克力醬又香又濃，超級好吃

吐司

吐司是懶人早餐必備的祕密武器，可以選擇你喜歡的果醬，或是配上火腿、培根、蛋等喜歡的配料，就可以擁有獨一無二、豐富又便宜的早餐唷！在大賣場有白吐司、鹹吐司等多種口味可以選擇，平均一條￥100～200不等。

▲加入生菜、起司等自己喜歡的食材，美味三明治就完成了

牛奶

日本牛奶比台灣還便宜，在超市或便利商店有各種牛奶任你挑選。鮮奶都有脫脂、低脂、全脂牛奶選擇，2公升的鮮奶只要￥200左右，可連喝好幾天呢！

寶島家鄉味

懷念家鄉味，可以到中華超市購買中式料理的食材自己動手做，若是住家附近沒有中華超市，也可以到超市買食材與喜愛的調味醬汁，輕輕鬆鬆完成一道美味自製料理！

▲▲沙茶和肉燥醬是必備的煮飯祕器

5分鐘搞定一餐

Working Holiday in Japan

各種料理包

不會料理的人，來到日本各個都是料理達人。在超市有各式各樣料理包，只需要一個微波爐或是電鍋加熱，就可以輕鬆搞定一餐的美味料理；另外，還有針對火鍋、壽喜燒、關東煮，甚至是炒菜等各式各樣已經調味好的調味包，只需要準備好自己喜愛的食材，就可以輕輕鬆鬆搞定美味料理。

▲超市買來的各式各樣料理包

◀可針對人數選擇1、2人份

▲放入雞湯塊與雞肉等熬湯，就完成火鍋湯底，可放入任何你想吃的食材煮火鍋

過來人提醒

1人份也能輕鬆料理

即使是自己住在套房的單身族，也不用再煩惱煮飯很難抓分量的問題，像是電鍋、烤箱等，都有針對1～2人份的小電器，價錢僅要￥2,000～3,000左右，去市場或超市買菜時，可以購買分量少的食材。單身族不會再有自己需要連吃一個禮拜相同食物的困擾。

微波爐 7 大禁忌

在日本生活處處可見微波食品，日本居民更是人人家中都有一台微波爐！使用微波爐有哪些注意事項呢？有哪些食材是不可以放入微波爐加熱的？

① 微波爐內沒有任何食物時切勿加熱

② 切勿加熱密閉容器 (如：罐頭)，避免爆炸

③ 使用保鮮膜或加蓋加熱時，需預留通氣孔；掀開時請小心，以免蒸氣灼傷

④ 非耐熱 120℃ 以上的塑膠容器不可加熱，需留透氣孔才可整個放入

⑤ 若加熱蛋類，需先將蛋殼去除，在蛋黃上戳洞

⑥ 切勿使用塑膠、金屬、玻璃器具，避免過熱而發生起火現象 (包含帶金邊、銀邊的器具，錫箔、鋁箔紙的包裝、不銹鋼器具等均不可放入微波爐)

⑦ 若微波爐不慎起火，應先拔掉插頭，切勿立刻打開

食譜上網看，人人都是食神

擔心自己廚藝不好的人，或是想念家鄉味料理、想要自製香菇雞湯、想要吃三杯雞等等，可以直接上愛料理網站，或下載 APP，有高達 6 萬道食品料理，不論是中式，西式等料理統統都有，還有針對肉類、海鮮、沙拉等類別作為分類。若是想吃甜點，也有蛋糕、餅乾等點心食譜，還有針對懶人的電鍋食品，甚至是現在很紅，完全不需要電器的悶燒杯料理。

愛料理 http icook.tw

小小米桶 http mitongwu.com

日文料理 http allabout.co.jp/matome/recipe

◀ 自己親手煮出來的料理特別美味

▲▶ 番茄火腿義大利麵

▲ 自製便當可以節省一半以上餐費，健康又便宜

採買訣竅大公開

Working Holiday in Japan

日本物價比台灣貴出許多，但是善用超市特價時段採買，如便宜的業務超市、玉出超市；或去市場買便宜又新鮮的肉等，自己煮餐餐均衡的飲食，平均一個月只要￥2萬就可以搞定。若是趕時間，可考慮百元食品的料理包、微波食品、超市特價便當，只要￥100左右就可以買到有菜有肉的便當，有蛋包飯、炒飯、咖哩飯等，都是便宜又方便的選項。

▲市場是便宜又新鮮的食材賣場

▲24H的唐吉訶德　　　　▲黑門市場

▲便當店的現做便當便宜又新鮮

平價超市好選擇

玉出、業務超市是眾多超市中平均物價普遍較低的超市，新鮮雞蛋僅要￥100出頭、麵包一條不到￥10、麵條一包￥20、烏龍麵￥40不到、新鮮魚肉也僅要￥100，大約￥3,000就可以買到一週三餐的食材，是不是便宜又划算呢！
業務超市 http www.kobebussan.co.jp
玉出超市 http www.hanamasa.co.jp

▲業務超市　　　　　　　▲玉出超市

百元商店最實惠

舉凡文具、生活用品、清潔用品，甚至是水果、蔬菜等食材都可以在百元店購買到，建議買菜前不妨稍微比價一下。在超市特價後的香蕉可能需要￥100出頭，而在百元店就可購買一串￥100的香蕉，不過需注意的是，百元店商品價格均一，每樣￥100，部分商品在超市購買可能不到￥100，建議購買前需稍微比價一下再下手，避免買貴。

▲藥妝店常結合百元店

打烊前的特價品

　　每到各超市快要打烊的前 1 小時，就會陸陸續續貼出特價貼紙，麵包約 7、8 折的折扣，肉類、海鮮、便當甚至只要半價就可以買到。部分咖啡廳、麵包店等，在快打烊前也會開始促銷，每個麵包僅要￥100，或是一堆麵包僅要￥500 等選擇，大部分促銷時段都在下班時間，不妨下班後去搶購一番。

▲超市特價便當是懶人的最佳去處

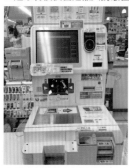

▲使用自動結帳機結帳可以避免排隊

▲魚只要￥100 ～ 200

▲▶眾多半價商品可搶購

購物消費撿好康

善用折價券

　　日本使用折價券相當普遍，幾乎每個家庭都有用過。在超市門口、觀光區、遊客服務中心、信箱或是路邊等，常常可以看到報章雜誌、廣告傳單會有附近餐廳的折扣券，或是日常用品、服飾店等的折價券。觀光區還會有免費旅遊情報，以及各超市、藥妝店等的折價券，至少都有 5% 以上的折扣，運氣好的話甚至有 8% 或更高的折扣，購買前不妨在超市門口看看是否有折價券。

　　除此之外，報紙與信箱內的傳單常有折價券，可不要當成廢紙給丟掉了。務必要注意折價券上的使用期限及券上的小字說明。而一般折扣券是不能複印，且無法重複使用的！

　　總而言之，在日本消費前一定要先上網搜尋，或是在店家門口看看有沒有免費折價券可索取，免得錯失折扣機會！

▲折扣券

加入 LINE 好友

　　像是 Uniqlo、GU 等日本國民品牌，都有線上 LINE 可加入，常會有折扣優惠資訊，結帳時需出示該條碼才能享有優惠。而藥妝店如ズキ藥局、松本清等，只要加入線上 LINE 好友，也可享有折扣優惠。而松本清藥妝店還有 APP 可以下載，初次下載還可以享有 15% 折扣，每日還有飛鏢小遊戲可以索取 5%～ 20% 的折扣。

生病怎麼辦

Working Holiday in Japan

　　首先需確認自己身體哪裡不舒服，依照自己症狀前往專屬科別診所或醫院。

中文	日文
內科	內科 (內か)
外科	外科 (げか)
皮膚科	皮膚科 (ひふか)
眼科	眼科 (がんか)
牙科	歯科 (はか)

該看哪一科

　　看耳鼻喉、皮膚、眼科等專科收費會比看內科、外科等普通科要來得高，若是一般感冒、發燒、喉嚨痛等，可以看一般內科即可。

　　到診所櫃檯辦理掛號，若是有辦理日本健保，僅需負擔 3 成的費用。由於外國人在日本看病相當昂貴，費用包含醫生診療費與醫藥費，若是沒有日本健保，建議一定要有其他的保險。

日本醫療機構

　　在日本只有一位醫生駐院，或是少量病床的稱爲「診療所 (しんりょうじょ)」、「医院 (いいん)」，而規模較大，病床數達 20 床以上可處理急症的醫院的是「病院 (びょういん)」。

クリニック　類似台灣診所

　　類似台灣診所，一般沒有病床，規模很小，大多在大廈或是商場內，部分會分科應診，而一般內科診所 (內科クリニック) 收費也比醫院跟病院便宜，看診程序也較簡便，適合較爲輕微症狀的病患。

診療所、医院　小型醫院

　　設有少量病床，病床數不達 20 床，通常沒有完善住院設施，比「クリニック」規模再大一點，類似小型醫療中心，通常多爲地面上一到兩層式的建築。

病院 (びょういん)　大醫院

　　類似台灣一般醫院，規模較大、設備較多，入院以及看診手術較爲複雜，收費也較高。

申請給付注意事項

■ 收據、診斷證明書務必保管好

　　看病完至藥局領藥後，務必將收據、診斷證明書保管好，有些工作，只要將資料備妥，還能向公司申請醫藥費全額補給；若是台灣健保尚未停掉，在看病後的 6 個月內也可以向台灣中央健保局申請；而有其他保險的，還可以向個人投保的保險公司申請，所以收據和診斷證明書千萬不能搞丟。

■日本健保

在日本住滿 1 年以上的外國人一律強制加入日本健保,但由於打工度假簽證為 1 年效期,因此屬於模糊地帶,一般可視個人意願決定是否加入日本健保,如果有留學資格或是收入不高者,還可提出保額減少,依照各地區不同,健保費用 1 個月約 ¥1,000 ～ 3,000 不等。

■台灣健保

在看病後的 6 個月內,向健保局申請,填寫「自墊醫療費用核退申請書」,須先向自行投保的單位蓋章,並備妥相關收據等文件申請,若人還在日本,可請家人代辦。

■保險公司

出發前應確認保險公司是否要求設立保險帳戶,或是列印相關保險單 (卡) 等重要資訊,並記住聯絡電話,在看病前第一時間連絡保險公司,避免不給付的情況發生。

藥品百寶袋

若是一般感冒等,可以先在台灣診所掛號,請醫生準備些常備藥,若是有特定用藥,務必記得攜帶醫生處方箋,再到日本藥局買藥即可。

由於日本藥妝店眾多,舉凡一般感冒、發燒、咳嗽、流鼻水等感冒用藥;或是受傷發炎,如燒燙傷、割傷、扭傷、皮膚過敏、遭蚊蟲叮咬;甚至是頭痛、生理痛,就連宿醉都有專門的藥可以買到。

◀ 防水 OK 繃

▶ 超好用痠痛藥膏

緊急聯絡方式

Working Holiday in Japan

在緊急突發狀況發生時,可使用公共電話,無需投幣,只要按下紅色按鈕撥打 110、119,如果是沒有紅色按鈕的公用電話,則拿起聽筒直接撥打即可。

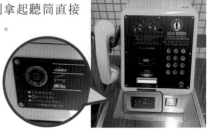

緊急電話

警察局:緊急 ☎ 110
遺失物品 ☎ (03)3814-4151
一般詢問 ☎ (03)3501-0110
英語專線 ☎ 3501-0110
火警 / 救護車 ☎ 119
日本救助專線 (24H) ☎ (0120)461-997
日常生活諮詢 (多國語言) ☎ (045)671-7209
查號台 ☎ 104
天氣預報 ☎ 177

急難救助電話

急難救助全球免付費電話是針對台灣國民在世界各地遇到問題時撥打的專線,若是在日本打工度假期間,遇到危及生命安全,或遭遇重大事故,如車禍、搶劫、事關生命安危等情況急需救助時,可撥打日本各地辦事處的急難救助電話。

駐日本代表處 (東京) ☎ 81-3-3280-7917、81-80-6557-8796、81-80-6552-4764
駐橫濱辦事處 ☎ 81-90-4746-6409、81-90-4967-8663
駐大阪辦事處 ☎ 81-90-8794-4568、81-90-2706-8277

駐福岡辦事處 **C** 81-90-8765-3410、81-90-3192-8273、81-90-4341-7787

駐那霸辦事處 **C** 81-90-1942-1107

駐札幌辦事處 **C** 81-80-1460-2568

急難救助全球免付費電話

　　台灣設有急難救助全球免付費電話，因此在日本遇到緊急問題，可以用日本手機、公共電話或市話撥打 001-800-0885-0885，其中需注意的是，若是用台灣手機在日本撥打，仍然要付國際漫遊費用。

　　若是無法即時和駐外館聯繫，也可以請在台灣的親人撥打台灣免付費電話 0800-085-095，此電話為 24 小時，會提供所需資訊或連絡相關單位通報駐外館提供協助。

全球免付費電話 C 001-800-0885-0885
在台免付費電話 C 0800-085-095

護照遺失怎麼辦
Working Holiday in Japan

1. 報案 911

　　若是確認遺失護照時，須立即向派出所（交番）備案，辦理作廢，並取得遺失證明。

2. 補辦護照

　　帶著遺失證明、護照、在留卡、大頭照，趕快到台灣駐日經濟文化代表處申請紙本證明身分，若是簽證遺失也一同辦理，補辦護照與簽證都需要手續費。

3. 保留證明書

　　護照補發申請程序，通常需 1～2 週才會拿到護照，若是需立即回國，可申請臨時入境證明函（只需 2～3 天），即可回國或繼續旅行。

護照補發這裡辦

　　目前全日本有 6 個台灣設置的辦事處，分別在東京、橫濱、大阪、福岡、那霸、札幌 6 個地方，除了護照遺失外，萬一發生緊急意外狀況，如人身傷害，或各種緊急狀況都可以請求協助。

台北駐日經濟文化代表處（東京）
C 03(3280)7803
http www.roc-taiwan.org/JP
（點選「駐日代表 について」）

台北駐日經濟文化代表處（橫濱）
C 045(641)7736~8
http www.roc-taiwan.org/JP/YOK

台北駐大阪經濟文化代表處
C 06(6443)8481~7
http www.roc-taiwan.org/JP/OSA

台北駐大阪經濟文化代表處（福岡）
C 092(734)2810
http www.roc-taiwan.org/JP/FUK

台北駐日經濟文化代表處（那霸）
C 098(862)7008
@ teco-oka@ryukyu.ne.jp
http www.roc-taiwan.org/JP/NA

台北駐日經濟文化代表處（札幌）
C 011(222)2930
http www.roc-taiwan.org/JP/OKD

貼 心 **小** **叮** 嚀

別落單！避開危險場所

　　日本治安大致上良好，為維護自身安全，盡量避免在郊區、偏遠地區，或是治安紅燈區落單，涉及風化場所的地方也盡量避開。

財務小尖兵
Working Holiday In Japan

薪資(日本勞工法)
Working Holiday in Japan

　　日本依各地區以及產業性質，分別訂有不同的最低工資，目前以東京都每小時￥907 起最高，沖繩縣每小時￥693 最低。

■ 正職工作
- 1 天正常工時 8 小時，1 週不能超過 40 小時。
- 超過 6 小時，要休息 45 分鐘以上；工作 8 小時，要休息 1 小時以上。
- 1 週至少休息 1 天，4 週要休 4 天以上。
- 加班或深夜(22:00 ～ 05:00 止) 及假日從事工作，必須支付平常薪資的 2.5 成以上，而 1 個月內加班超過 60 小時，則須支付平常薪資 5 成以上的額外報酬，但中小企業者暫不適用。

■ 持有打工度假簽證
　　正職、兼職工作都可以找，原則上沒有工作時數限制，依照公司規定排班，想要多賺點錢也可以多排班。

■ 持有留學簽證
　　一週工作，工時不得超過 28 小時。若是在寒暑假日，一天不得連續工作超過 8 小時。

厚生勞働省 http www.mhlw.go.jp
(選擇「政策について」→「分野別の政策一覧」→「雇用・労働」→「労働基準」→「労働時間休日」→働時間・休日)

勞動部－青年出國度假打工 (勞動法令篇)
http youthtaiwan.net/mp.asp
(選擇「度假打工」→「亞太」→「日本」)

源泉徵收稅(所得稅)
Working Holiday in Japan

■ 繳交所得稅對象
　　在日本工作時，拿到薪資後可能會被扣除稅金，也就是所謂的所得稅，又稱「源泉徵收稅」，是公司直接代替你繳納給日本政府，稅率是累進制，依照年收入收取 5 ～ 40% 不等，若是留學生，則可全面減免所得稅及住民稅。而日本稅法也有規定：年收入￥100 萬以下，不需支付所得稅與住民稅，若是薪資被扣稅，「原則上」可以向日本稅務署申請退稅。

　　源泉徵收稅是以 1 年的總收入為基準 (1 ～ 12 月)，向日本政府繳納的所得稅，每月從薪資扣除，再依據當年領取的總所得來確定最後應繳交的稅額，並在隔年 2 月 16 日～ 3 月 15 日之間，到所居住的稅務署辦理確定申告。辦理確定申告後，如果繳的稅金有多付的時候，只要拿著源泉徵收票 (需向雇主索取)，就可以被退還，若有 3 份工作，就應索取 3 張源泉徵收票，到稅務署辦理申告。

■ 退稅失敗，再多嘗試幾次
　　由於持打工度假簽證者，可以在日本短期打工 1 年，依照法律規定，在「居住者」與「非居住者」

在地生活實用指南

的定義上，屬於模糊地帶，依照各稅務署人員認知，打工度假 1 年是否屬於「居住未滿 1 年」的非居住者為準。因此，即使是同一區的稅務署，同樣都是打工簽證，卻有人退稅成功，有人退稅失敗。建議可多嘗試，第一趟退稅失敗，第二趟退稅成功的大有人在。

▲打工度假簽證

如何退稅

Step 1　首先確認薪資條明細，是否有「源泉徵收」項目，若是有的話，才能向公司申請「源泉徵收票」，也就是所謂的扣繳證明。若是有 2 份工作，則需分別向 2 個雇主索取 2 張。

Step 2　攜帶護照、在留卡、存摺、印章、源泉徵收票到稅務署辦理，稅務署人員會協助填寫退稅單與委託單。

Step 3　退稅完成後，約 2～3 週，稅務署會寄匯款通知明信片，在收到通知後的 2～3 天，退稅金額就會匯入戶頭。

其中需注意的是，由於日本各家公司結算「源泉徵收」都是在年底，若簽證在年底前就到期，返台前可能無法拿到公司所發的源泉徵收票，可能必須再搭飛機來日本領取，或請友人代辦。

貼心小叮嚀

關於「稅」，名詞定義不可不知

■ **所得稅**

所得稅是每年要繳交給國家、縣府與市府的稅，付給縣府及市府的稅又稱作「居民稅」，總額以個人淨收入來計算。

■ **在日本報稅，依照居住身分分為 3 種：**

1. 非居住者

指居住在日本不滿 1 年，且主要居所不在日本的人。非居民需繳納日本所得的 20% 的所得稅。(持打工簽證的人都必須被扣除 20%)

2. 非永久居住者

指居住在日本少於 5 年，但不打算永久居住在日本的人。非永久居民繳納日本所得稅，但來自海外且沒匯入日本的收入除外。

3. 永久居住者

指住在日本至少 5 年，也打算永久居住在日本的人。永久居民需繳納日本及海外所得的稅。

詳細資訊請參考國稅廳：

http www.nta.go.jp

(選擇「 目別に調べる 」→「 所得 」)

日常消費資訊

Working Holiday in Japan

娛樂

在日本一樣有卡拉 OK 和電影院，線上先加入卡拉 OK 會員，可以享優惠折扣，電影票普遍比台灣貴一點，可在優惠時段或是特定日期購買（如週三電影日），票價較便宜。

▲卡拉 OK

▲可使用自動售票機自行購買

▲平均一張電影票價需 ¥1,700

▲可加價暢飲飲料自助吧

▲中文歌詞會標示假名

二手市集

日本各地假日時常有二手市集或者跳蚤市場，可以上網登記或現場排隊登記攤位，將平常用不到的東西拿出來低價拋售。在二手市集常常可以買到許多寶物，休假時，不妨到住家附近的二手市集逛逛！

若是二手市集未賣完的衣物，也可拿到二手衣店賣出，店員會依據衣服狀況、品牌、材質等進行估價，既省了丟棄衣物的手續，還可以賺點外快，一舉兩得。

▲二手市集販賣的類型眾多

水、電、瓦斯費

在日本租房前，須先打電話到水道局、電力公司以及瓦斯公司開通，每半個月至 1 個月會寄來使用量單據表，告知目前使用量，之後才會收到帳單。拿到帳單後可以至便利商店繳款，或選擇銀行扣款。若是超過繳費期限，還是可以先到便利商店付費，要是條碼無法讀出，則必須撥打帳單上電話詢問付費方式，一般會與下個月帳單統一計算，一併寄來，但少部分地區需要專程去銀行匯款或轉帳等。

▲從左下角撕開

▲依據帳單金額，在繳費期限內至便利商店繳款

跨國匯款

Working Holiday in Japan

不論是剛抵達生活費不夠,需要家人從台灣匯款到日本,或是在日本打工度假結束,要將帳戶的錢都帶回台灣,跨國匯款的手續費都是筆不小的金額。

銀行電匯－從台灣匯到日本

若是要繳交學費,或是租房的初期款項,不能刷信用卡,需要家人從台灣匯錢到日本時,最快速的方法是銀行電匯,一般隔天就入帳,但手續費昂貴,單筆手續費用約台幣 1,000 ～ 2,000 不等。

▲部分百貨有外幣兌換機

■ 手續費

一般而言,在台灣各家銀行辦理跨國匯款,每次會收台幣 400 ～ 500 元手續費,而在日本銀行解款入帳還要另收一筆¥2,500 ～ 3,500 的解款費。若是台灣辦理匯款的銀行,沒有直接與日本銀行合作,則還需要另外加一筆中間銀行 (Inter Bank) 的手續費,因此往往匯一筆錢,林林總總的手續費可以高達台幣 1,000 元!

▲各地區都有地區性銀行

■ 網路匯款

可先在台灣申辦台灣某銀行的台幣與外幣 (JPY) 帳戶,並開啓網路銀行服務。抵達日本後再將日本帳戶設定爲約定帳戶,就能網路轉帳。線上操作,將台幣帳戶匯款至外幣帳戶,再將外幣帳戶的錢轉帳至日本的約定帳戶。這樣子手續費會比用台灣的銀行直接匯款到日本銀行的帳戶便宜很多。

銀行電匯－從日本匯回台灣

和台灣匯錢到日本的方法一樣,只是立場對調,而日本跨國匯款手續費稍高,若是匯款金額不大,強烈不建議使用此方法。

■ 所需資料

匯款方式需先和台灣收款帳戶銀行索取海外匯入用的銀行「英文資料」:
1. 收款人姓名 (帳戶名)、電話
2. 收款人國家名・地址
3. 收款人銀行帳號
4. 銀行名稱・分行名稱 (Beneficiary Bank/Branch Name)
5. 銀行分行地址 (Beneficiary Bank's Branch Address)
6 銀行的 Swift Cod

■ 匯款方式

日本的便利商店是不能進行國際匯款的,匯款方式可選擇到銀行做跨國匯款手續,或是直接使用網路銀行進行網路匯款。若是選擇郵局匯款,由於不是每一間郵局都能跨國匯款,需先上網查詢,避免白跑一趟。

■ 手續費

和從台灣匯日本相同，一樣需支付匯款手續費給日本當地銀行、中間銀行、台灣收款銀行，手續費可選擇匯款人直接支付，或是從匯入金額扣除，由收款人支付。

國際郵政匯票

不論是從台灣匯款到日本，或是日本匯款到台灣，若是時間較不緊急的話，可以選擇國際郵政匯票。在日本郵局或是台灣郵局辦理，再以掛號信方式寄到自己可以收件的日本地址即可。由於不是每一間日本郵局都可以辦理，建議先上網查詢，避免白跑一趟。

台灣郵局

http www.post.gov.tw

(選擇「儲匯業務」→「外匯業務」→「問題集」→「國際郵政匯票」)

日本郵局

http www.jp-bank.japanpost.jp

(選擇「個人のお客さま」→「便利につかう」→「海外関連サービス」→「国際送金」→「住所あて送金」)

■ 優點

1. 手續費相較於銀行跨國匯款便宜許多，如台灣匯款至日本，單筆手續費僅要台幣 160 元，再加上掛號費而已。
2. 手續簡易，在郵局購買郵政匯票，填寫完手續單與日本地址，約 1 ～ 2 週就會寄達，然後將匯票存入日本郵局帳戶即可。

■ 缺點

1. 送達時間與跨國匯款比較長，由於國際匯票需先換成美金，送到日本再由美金換成日幣，這之間會產生匯差，匯率以兌換時候的當日匯率為主。
2. 單筆金額最高僅能 3 萬美元。

跨國現金匯款

西聯匯款 (Western Union) 是一間全球性金融公司，提供一種快速的跨國現金匯款服務，可以直接將現金從甲地匯款到乙地，不論是匯款或是收款人，只要到和西聯匯款公司合作的銀行辦理或收取款項即可。

例如：甲匯錢給乙，就是甲直接到西聯的服務據點 (通常是當地銀行)，填表格說要匯款，然後給錢拿收據，幾小時後，乙就可以在日本去西聯的服務據點帶證件填表格，就可以領錢。

http www.westernunion.tw

■ 優點

1. 相當快速，約莫幾小時就可以領到錢。
2. 由於都是現金交易，不需再額外開帳戶，相當方便。

■ 缺點

1. 一次匯款金額不得超過美金 1 萬元。
2. 手續費通常不低，是到緊要關頭的最快速方法。

▲西聯匯款官方網站

學習日文

Working Holiday in Japan

許 多人來到日本主要原因是想學習日文，希望在這一年打工度假期間，日文能力能夠有所進步，以下依據所花費用、學習效能，提供學習日文的3種選擇。

報名語言學校

Working Holiday in Japan

若是資金足夠，選擇語言學校是最方便的方法。不但有系統的教學還提供學習講義。依照語言學校的課程進度，每天複習上課所學，日文很難不進步。可以在台灣先報名語言學校，或是到日本生活一陣子後，視自己的需求決定報名與否。

課程結束後，通常都會有筆試、口試，通過考試後，還會有語言學校學習證書。學校會不定期舉辦聚會、校外教學、日本傳統茶道、劍道學習等活動，還會協助找打工。除此之外，還有自習室、課後輔導、圖書館、健身房等許多資源可以運用。

- **報名方式：**自己找語言學校報名，或是透過代辦公司協助辦理。
- **費用：**費用較高。最短 3 個月的語言學校，也要台幣 4、5 萬起跳。如果持打工度假簽證報名，許多語言學校會給予優惠折扣。

如何透過代辦找語言學校

搜尋語言學校時，建議先鎖定好地區，如：東京、大阪，再到代辦公司索取資訊。許多代辦公司都有免費講座，或是各間學校簡介與資訊，也可請專員介紹各家語言學校的特色等。不論是台灣或日本，有許多代辦公司都是免費的，只要自行先上網搜尋各家評價，確認哪些是可靠的代辦公司。報名完成後，代辦公司可能會提供抵達日本專人免費接機，或是協助住宿及日本生活指導等免費服務。

運用免費資源

Working Holiday in Japan

在日本各區有許多免費的日文學習資源，比如紅十字會、國際交流會等，不管是哪一種都是很划算的選擇，不僅可以學習日文，還可以增加和外國人交流機會，結交許多朋友，一舉數得。

各區的國際交流中心

日本各區的國際交流中心也會有日本語教室或日本語講座，會額外收取教材、講義費用，志工通常持有日語教導執照。

日本語教室

大多是由志工主辦，地點在小學校或市民活動中心居多，課程大多免費，有些需支付幾百元的場地費用。既然是免費課程，在教學方法、師資、教材的專業度，自然無法和語言學校相比。大多是一個禮拜 1～2 堂課，每次 1～2 小時不等，教學志工通常是退休的爺爺奶奶、大學生，或是家庭主婦等日本居民。

如何找免費學習資源

▌直接詢問

在辦理在留卡登錄 (P.70) 時，可向區役所人員詢問日文學習交流中心的資訊，登錄地址後，也會收到各區的市民情報誌，裡面會詳細說明居住區域，包含才藝、語言學習等資訊，以及診所、醫院等各式各樣的生活資訊情報，可以說是「一本在手，問題統統都沒有」。除了在登錄在留卡時詢問外，亦可到各社區活動中心、大學的語言中心詢問，或是翻閱市民情報誌，直接打電話詢問是最快速的方法。

▌看公布欄

各大背包旅館、學校布告欄、圖書館、社區活動中心等等，只要有公布欄的地方，都有可能找到免費課程資訊。

▌上網查詢

日本全國志工日本語教室
http u-biq.org/volunteermap.html

東京日本語教室
http www.tnvn.jp

札幌日本語教室
http plaza-sapporo.or.jp/citizen_j
（點選「ボランティア」）

京都日本語教室
http www.kpic.or.jp
（點選「日本語教室」）

大阪日本語教室
http www.ih-osaka.or.jp/chinese
(1. 選擇「国際交流」→「たのしい日本語」；
2. 選擇「国際交流」→「生活日语讲座」)

貼心 小 叮 嚀

善用志工日本語教室

如果你在日本住下來，想長期學日文，又不想花太多錢，志工日本語教室是相當棒的選擇。

適合剛來到日本，朋友認識不多的人。即使日文已經很流利，也可以到志工教室交朋友，除了有同班的外國人，也有日本人的志工老師，而且志工老師通常都很熱心，想要請問一些生活上遇到的問題，志工老師都很樂意幫忙的。

自己學日文
Working Holiday in Japan

由於日本各區都有口音與腔調，加上生活用語與較口語化的句子時常出現，在台灣不論有沒有先學日文，即使考取了日語檢定 (JLPT N1) 證書，來到日本也會有鴨子聽雷的時候。加上台灣以考試為導向的教學模式，沒有太多機會可以練習會話，常常都只是背單字、學文法。來到日本，將自己放在一個全日文的環境下，只要敢講、多講，多和日本人聊天，日文就會不知不覺的進步許多。

▌語言交換

可以直接在公布欄，或是臉書社團上貼出語言交換的請求，選擇用 Skype 或是約在咖啡廳，和想學習中文的日本人做語言交換，1 小時用日文聊天，1 小時用中文聊天，其中需要注意自身安全，尤其是女性朋友在選語言交換的對象時，盡量選擇同性，也盡量約在咖啡廳等公眾場合較為安全。

■ 好用 app 與網站介紹

Hello Talk

Hello Talk 是一個可以和世界各地的人做語言交換的 APP，只要登錄好個人資料，輸入想學習的語言，就可以開始找人進行語言交換。APP 還可以翻譯句子、字句導讀、將語音轉文字、收藏句子，甚至還有能請對方幫忙修改句子語法的選項，相當方便。

Lang-8

Lang-8 是一個可以每天寫日記或心情記事的網站，會有各國人來幫你修改日記，非常適合練習日文寫作，還可以結交許多朋友。

http lang-8.com

■■ 聽廣播、新聞、音樂

在做房務清潔、農場摘果、牧場擠牛奶，或是回到家時，就打開廣播、音樂，將自己置身在日文環境下，就算聽不懂也沒關係，一整年下來包準聽力突飛猛進。

若是日文能力較好，也可以打開電視，看看日文新聞，NHK 新聞就有提供新聞的逐字稿，可以一邊聽新聞，一邊看逐字稿，同時訓練聽力和閱讀能力呢！

■ 新聞

NHK http www.nhk.or.jp
朝日電視台 http www.tv-asahi.co.jp
MBS NEWS http www.mbs.jp/news
読売新聞 http www.yomiuri.co.jp
TBS NEWS http news.tbs.co.jp

■ 音樂

搜尋日文歌詞網：

http www.uta-net.com http www.utamap.com

■ 廣播

24 小時撥放日文音樂：

http www.japanaradio.com http lantis-net.com

■■ 網站學習

在搜尋引擎輸入日文學習，就可以跑出一大堆學習日文的網站；在 Youtube 網站搜尋，也有一大堆日文課程、生活對話、字句教學的影片，只是要在茫茫網海中找到符合自己的影片與網站，可能就得耗費一整天了。

ひらがなめがね

看到漢字，不會發音，只要輸入網址，就可以直接翻譯輸入網址內的漢字，標上假名。

http www.hiragana.jp

學習網站推薦

速讀語言學習網 http www.languageweb.net
音速語言學習 http jp.sonic-learning.com
簡明日語 http www.nhk.or.jp/lesson/chinese
咖啡日語 http www.coffeejp.com
U-biq http study.u-biq.org
MARUMARU http www.jpmarumaru.com
其他網址 http www.erin.ne.jp
http japanese-lesson.com
http mail.scu.edu.tw/~mark
http www.ajalt.org/rwj

過來人提醒

日語要進步，就要勇敢講

雖然擁有一段異國戀情是日文進步神速的方法之一，其實只要將自己置身在全日文的環境，不論是學校、工作還是在家裡，只要敢講、不要怕說錯，自然而然就會進步許多。

Japan
Let's Go!

Travel
for
Pleasure

Work
for
Experience

Working Holiday in
Japan

日本旅遊玩樂
Preparation

日本哪裡最好玩？

來到日本打工度假，除了認真工作體驗生活外，到京都看世界文化遺產，登上立山黑部親眼目睹雪壁的美麗，去造訪小孩子心目中的歡樂天堂——迪士尼，在冰天凍地的札幌參與浪漫雪祭，還有夜晚美麗的小樽運河……，眾多好玩又精采的體驗，絕對不容錯過。

各地區交通分析

在日本旅遊，只要搞定交通(詳見P.86)和住宿(詳見P.109)就很輕鬆，可以在遊客服務中心、住宿旅館或飯店、機場、租車公司及各地鐵站索取相關旅遊資訊；美食餐廳可上網至食べログ(tabelog.com)查詢，或是上TripAdvisor網站(www.tripadvisor.com.tw)，裡面有著名景點和旅遊資訊，還有相當可靠的評論參考。

北日本

北海道是最北、開發得最少的島嶼，也是知名避暑與滑雪勝地，除了2月雪祭頗負盛名外，花季眾多，像薰衣草、芝櫻、鬱金香季等。

大眾運輸

JR北海道、北海道中央巴士、北都交通巴士、札幌市地下鐵。

優點

觀光景點大多有交通工具。

缺點

大眾運輸種類較少，人多滿載時，不提供載客服務，常需排隊。除札幌市交通較為發達，其餘地區建議租車自駕較為自由。

東日本

關東是日本最大的平原，人口相當密集，關東地區由7個縣市組成，以日本東京為首，交通發達，外國人眾多。

大眾運輸

JR東京、東京メトロ、都營地鐵、京成電鐵、西武及東武鐵道、東急電鐵、百合海鷗號、臨海線、東京モノレール等多種交通工具。

優點

交通工具多，每個觀光景點均有合適的大眾運輸可搭乘，相當便利。

缺點

種類多，容易搞混，初次旅行容易在車站內迷路。

日本旅遊玩樂

中部地區

日本本州島的中心地區，它被統稱為「中部地區」，以名古屋為首，觀光景點不如東京、京都等城市多，市容也較為樸素。

大眾運輸

JR東海道、名古屋鐵道、近畿日本鐵道和名古屋地鐵等多種交通工具。

優點

可開往關西地區的京都、大阪、神戶，也可通往東京，甚至是岡山、廣島等大站。

缺點

JR東海道連接日本其他城市的大小站，站內乘車稍微複雜，大大小小出口約十多個。

西日本

有購物城市大阪、濃厚古建築氣息的京都，異國風情濃厚的神戶，還有擁有可愛鹿群的奈良，觀光景點眾多。

大眾運輸

各城市交通眾多，光是大阪就有高達8條地鐵。

優點

交通種類眾多，城市與城市間常有專門鐵路，有適合的一日通行券。

缺點

選擇過多，同樣路線，光是票券與路線就讓人眼花撩亂。

離島

以沖繩為首，鄰近有大大小小島嶼，適合潛水及各式各樣水上活動。

大眾運輸

船、沖繩巴士、電車。

優點

路線較為簡單，租車方便。

缺點

選擇太少，長程公車票價高、班次少，部分島與島間僅能搭乘飛機。

北日本 北海道 Hokkaido

北海道分4個地區，充滿異國風情的道南地區，擁有知名的函館百萬夜景外，還能看見許多教會、洋式建築等；自然原始風情的道北，是最療癒人心的地方，除了層雲峽知名的冰瀑祭，5月滝上公園與東藻琴芝櫻公園的芝櫻祭，更使遊客慕名前往。道東則擁有號稱最靠近海的北濱車站，電視劇《醜小鴨》、電影《非誠勿擾》曾來此取景。除此之外，日本最北、擁有寒獄之稱的網走監獄也在此，每到冬天，許多遊客都會前往網走搭乘觀光破冰船，或是到網走湖體驗冰上釣魚。

最繁榮的道央地區，以札幌市為中心，多次被評比為最有魅力的城市，電影《情書》、漫畫《將太的壽司》都是在小樽取景。除此之外，還有新鮮的海鮮、精緻可愛的音樂盒、玻璃製品，以及馳名遠外的甜點、湯咖哩等，都是許多遊客前往必訪之地。

交通

由於北海道早期因開發天然資源，境內有超過50條鐵路，但因開採產業日漸式微，加上鐵路使用率低而逐漸廢棄，目前僅剩下札幌市地下鐵、札幌市電與函館市電，以及可在北海道內跨區的長途鐵路——JR北海道。

鐵路
札幌市政府：www.city.sapporo.jp
(選擇「くらし・手続き」→「交通」→「市営交通」)
函館市電：www.city.hakodate.hokkaido.jp
(選擇「くらし」→「函館市電(市営交通)」)
JR北海道：www.jrhokkaido.co.jp

巴士
北海道巴士協會：www.hokkaido-bus-kyokai.jp
北海道中央巴士：www.chuo-bus.co.jp
HOT BUS：www.hotbus.co.jp
北都交通：www.hokto.co.jp
定鐵巴士：www.jotetsu.co.jp/bus

日本旅遊玩樂

昭和新山 | 寄生火山

昭和新山是有珠山附近的寄生火山，曾被獲選為日本地質百選之一，雪季時由於溫差關係，時常可看到山頂有氣霧散發，猶如火山冒煙般。

http sobetsu-kankou.server-shared.com(そうべつ觀光協會) ✉ 有珠郡壯瞥町 ➡ 在「洞爺湖溫泉公車總站 (洞爺湖溫泉バスターミナル) 」搭乘往「昭和新山」的公車至終點站

昭和新山熊牧場 | 餵浣熊、棕熊

來到昭和新山，不妨造訪火山村旁的熊牧場，入場前可以購買熊餅乾或蘋果飼料，進入廠內可以同時看到浣熊與棕熊，一次滿足，只要拿著飼料前往，就會有許多可愛的熊向你招手。

http kumakuma.co.jp ✉ 有珠郡壯瞥町昭和新山183

札幌大通公園 | 來看冰雕作品

每到2月上旬積雪最多，是舉行雪季的最佳時刻，其中以大通公園的雪季會場最為熱鬧，從大通西1丁目～12丁目，全長將近1.5公里，共有大小冰雕與雪雕作品，場內有許多小屋台美食，還可見到市民雪雕，以及來自世界各地競賽的作品。

http www.sapporo-park.or.jp/odori ✉ 札幌市中央區大通公園西1丁目～9丁目 ➡ 搭札幌市營地鐵至「大通」站

札幌TV塔 | 眺望札幌市

由設計東京鐵塔的建築師內藤多仲負責的札幌TV塔，連塔尖高度將近150公尺，其中以面向大通公園西方的景色最為歡迎，尤其是雪季時可以俯瞰公園，雪雕作品伴隨著燈光，美不勝收。

http www.tv-tower.co.jp ✉ 札幌市中央區大通西1丁目

藻岩山 │ 夜景超迷人

位於札幌郊區的藻岩山，是札幌市民再熟悉不過的山。搭乘纜車上山，山頂的展望台可以一覽札幌市區景色，

晚上的夜景更是迷人，是戀人最佳約會勝地。

http moiwa.sapporo-dc.co.jp ✉ 札幌市中央區伏見5-3-7

定山溪源泉公園 │ 泡手湯、足湯

公園內坐禪的定山像供人懷古，另有全長10公尺的足湯與手湯可免費入場，泡完足湯與手湯後，還可以在附近的定山溪物產店購買溫泉蛋享用。

http jozankei.jp (定山溪觀光協會) ✉ 札幌市南區定山溪溫泉東3丁目 ➡ 搭JR至「札幌站南口的巴士總站」，再搭乘定鐵巴士到「定山溪溫泉站」

小樽 │ 遊客最愛運河

小樽運河與冬季的雪光之路最受遊客喜愛，運河旁可見多個玻璃製浮球蠟燭；而拍攝小樽運河最好的地點在淺草橋區域，橋旁還有觀光資訊中心，門口的大時鐘及溫度計也是必拍之一。

http otaru.gr.jp；小樽觀光地圖下載：otaru.gr.jp/guide-map(下載「繁体字版小樽市 マップ2015(PDF/8M)」) ✉ 小樽市色内2丁目1-20(小樽觀光協會) ➡ 搭乘JR至「小樽」站

銀之鐘 │ 買紀念杯送甜點飲料

手宮線開通時用過的鐘，稱為開拓之鐘，而冬天白雪覆蓋開拓之鐘，銀白光輝猶如銀色的鐘，又稱銀之鐘。在小樽共有7家銀之鐘，有咖啡廳、主題館、精品店、壽司店等，若在咖啡廳買杯子還送飲料與蛋糕。

http www.ginnokane.jp ✉ 小樽市入船1-1-2

小樽館的精緻音樂盒

在銀之鐘1號館旁的小樽館，裡面販售許多玻璃製品：小樽最有名的音樂盒，以及各式各樣精品裝飾品等等，伴手禮除了購買當地特產外，也可以考慮手工精緻的音樂盒作為禮物喔！

登別地獄谷 | 特色「鬼文化」

登別最有名莫過於地獄谷湧泉，因此附近的溫泉旅館與飯店眾多。而來到登別，一定要親眼目睹登別特別的「鬼文化」，走訪地獄谷步道。

http www.noboribetsu-spa.jp(登別觀光協會) ✉ 登別市登別溫泉町60番地 ➡ 搭JR至「登別駅」站；搭巴士：道南バス「のりば10番」(道南巴士乘車處10號)，或中央バス「のりば16番」(中央巴士乘車處16號)

登別尼克斯海洋公園 | 企鵝巡遊

登別車站外的美麗北歐古堡，就是登別尼克斯海洋公園，海洋公園內有水族館、企鵝館、海豚、海豹、海獅池等，園內設有摩天輪與小火車，其中以企鵝巡遊最受遊客歡迎。

http www.nixe.co.jp
✉ 登別市登別東町1-22

洞爺湖 | 北海道三景

北海道三景之一的洞爺湖是在11萬年前的火山噴發活動中誕生。附近的溫泉街道林立各式各樣溫泉旅館與飯店，湖上的遊覽船可開至洞爺湖中島，島上可見到許多鹿群，而洞爺湖展望台可眺望整個東爺湖東南邊與中島、昭和新山，是遊客必訪之一。

http www.laketoya.com ✉ 虻田郡洞爺湖町洞爺湖溫泉142 ➡ 搭JR至「洞爺湖」站

東藻琴芝櫻公園 | 5月賞芝櫻

5月的芝櫻季是滝上町大型的盛事之一，其中以滝上公園與東藻琴芝櫻公園最為盛大，是兩大賞芝櫻的景點。園內有山櫻、芝櫻、白樺等多種植物，形成大片粉嫩的芝櫻群落，彷彿粉紅地毯般，美不勝收。

http www.shibazakura.net ✉ 網走郡大空町東藻琴末広393

函館山夜景 | 世界三大夜景之一

可搭乘纜車、函館市電、巴士，或是自駕前往函館山一覽世界三大夜景之一，在黃昏入夜之時是最多遊客前往的

時刻，其中需注意冬天(11~4月)登山公路禁止車輛登山，而其他時間有實施交通管制，建議出發前先確認時刻，盡量搭乘大眾運輸前往。

http www.334.co.jp ✉ 函館市元町19-7

網走監獄 | 體驗當犯人

位於日本最北的網走監獄，仿效外國，建立放射市牢房，共有雜居與獨居等多種刑房，展覽館內展示明治年至今的監獄演變，還有模擬囚室、獄中生活、浴場、食堂等多種場景供遊客參觀。門口旁的餐廳，還有知名網走監獄料理，可以一嘗囚犯當時的監獄餐。

http www.kangoku.jp ✉ 網走市呼人1-1 ➡ 搭天都山路線巴士至「博物館網走監獄」站；美槻巴士至「天都山入口」站

東京身為日本首都，不僅擁有最新流行、最新的科技，也是個歷史悠久、傳統文化濃厚的地方，不管造訪幾次永遠都有新鮮的體驗，充滿樂趣。對外交通十分發達的交通聯絡網，可以輕鬆抵達東京都內各地，除此之外，也可以輕鬆到達關東近郊。東京不僅交通方便，商店眾多，夜生活更是多采多姿，是一個魅力十足的城市，來到東京可以體驗各式各樣的日本生活。

澀谷、原宿的美味甜點、台場的可愛商店、千葉的東京迪士尼、新宿歌舞伎町裡的便宜藥妝店等等，若是想從高層樓一窺漂亮的東京景色，則可以選擇六本木新城展望台「TOKYO CITY VIEW」；若是想要購物，一定不能錯過被日本人票選為最想居住的吉祥寺，除了吉祥寺，商店街外還有許多便宜飾品店等等，應有盡有。

交通

東京交通發達，電車眾多，巴士與公車也多，不論是到哪個地區，電車幾乎都可到達。

電車

JR 東日本：www.jreast.co.jp
東京Metro：www.tokyometro.jp
東京都交通局(東京都營地下鐵)：
www.kotsu.metro.tokyo.jp
東武鐵道：www.tobu.co.jp/foreign
西武鐵道：www.seibu-group.co.jp/railways
小田急電鐵：www.odakyu.jp
京王電鐵：www.keio.co.jp
京成電鐵：www.keisei.co.jp
京急電鐵：www.keikyu.co.jp

巴士

東京都交通局(都營巴士)：
www.kotsu.metro.tokyo.jp
哈多巴士：www.hatobus.com
WILLER TRAVEL：willerexpress.com

淺草雷門寺 | 大紅燈籠高高掛

淺草雷門寺的紅色大燈籠，是東京必拍的景點照之一，也是東京都內最古老的寺院，5月的淺草三社祭，更是吸引許多遊客前往，可以在仲見世通享受邊走邊吃的樂趣，累的話還可以搭乘人力觀光車走訪雷門周邊。

🔗 www.senso-ji.jp ✉ 東京都台東區淺草2-3-1

晴空塔 | 東京最HOT

東京現今最熱門的景點莫過於350公尺高的晴空塔，可以眺望東京全景。

🔗 www.tokyo-skytree.jp
✉ 東京都墨田區押上1-1-2

阿美橫町 | 體驗庶民生活

如果想在日本體驗庶民生活，就一定要到位於上野的「阿美橫町」。在這裡，此起彼落的叫賣聲充滿活力，不論是要買藥妝、水果，還是各式各樣物品，應有盡有。

🔗 www.ameyoko.net
✉ 東京都台東區上野 ➡ 搭JR至「上野」站或「御徒町」站

上野 | 賞櫻、藝術、動物園

上野除了是有名的賞櫻地點外，也是日本首屈一指的藝術特區。在JR上野站前的上野恩賜公園附近、根津、千馱木、谷中一帶，以東京國立博物館為首，聚集了許多博物館、美術館，還有以熊貓聞名的上野動物園，來到上野足足可以逛上一整天。

🔗 museum.guidenet.jp

東京迪士尼 | 此生必來

位於千葉縣的東京迪士尼，是大人小孩的最愛。有動感十足的舞台演出、極限時速的遊樂設施、可愛溫馨的卡通童話屋，以及各種迪士尼電影世界特有的娛樂設施。園區分為樂園與海洋，可以滿足各種愛好者的需求，其中動畫明星盛裝遊行十分壯觀，搭配音樂舞蹈，歡樂氣氛十足，是遊客喜愛的項目之一。

🔗 www.tokyodisneyresort.jp ✉ 千葉縣浦安市舞濱1-1

白川鄉合掌村

Histonic Villages
of Shirakawa-go and Gokayama

　　合掌村的特色建築又稱合掌造，是一種特殊的民宅，以茅草覆蓋屋頂，呈現人字型的屋頂，如同雙手合十，被稱為「合掌」，共有一百多棟，在1995年被指定為聯合國教科文組織的世界文化遺產。

公共廁所也相當有特色

時間充裕可在合掌村民宿住一晚體驗

http www.shirakawa-go.gr.jp；合掌村散步地圖：www.shirakawa-go.gr.jp(選擇「ダウンロード」→「荻町合掌集落(中国語体字 - 繁體中文)」)

✉ 岐阜県大野郡白川村荻町2495-3

☎ 05769-6-1013

交通

前往白川鄉的巴士需要先預約，一下濃飛巴士就會看到觀光案內所。

巴士

濃飛巴士：www.nouhibus.co.jp

邂逅館 | 白川鄉觀光案內所
（であいの館）

進去合掌村，可將行李放在觀光案內所旁邊的置物櫃，並索取合掌村散步地圖。

http、✉ 同白川鄉合掌村

相逢橋 | 合掌村入口

往來白川街道與民家園之間，最快速方便的方法就是直接走過相逢橋，就正式進入合掌村的區域了。

http、✉ 同白川鄉合掌村

和田家 | 最具歷史的合掌造

和田家具有數百年的古老歷史，也是前村長的家。除此之外，和田村還是世界文化遺產之一，現今開放遊客參觀，可以窺見以前的合掌村民生活方式，包含保存良好的古文書，以及其他古代傳承下來的物品。

http www.shirakawa-go.gr.jp ✉ 大野郡白川鄉荻町997

神田家 | 興建10年的合掌造

據說神田家的創建人就是和田家的次男，興建房屋時，由於想自組家庭，因此改姓，且其父母曾要求房屋高度不得高於老家。神田家也開放參觀，不妨也進去比較與和田家有什麼不一樣。

✉ 岐阜縣大野郡白川村荻町796

城山瞭望台 | 眺望合掌村

城山瞭望台是俯瞰村落風光的絕佳場所，可以遠遠眺望合掌村集落，選擇步行前往，或是搭乘接駁車，從早上9點開始，每20分鐘一班，下午3點40分則為最後一班。

✉ 大野郡白川村小木町889 ➡ 從白川鄉觀光案內所步行30分鐘，或至邂逅館旁搭乘直達接駁車，單趟￥200

立山黑部

Tateyama Kurobe Alpine Route

立山黑部又稱為日本的阿爾卑斯山，是富山縣最受關注的景點，1972年開通立山黑部路線，需要搭乘巴士、纜車等7種交通工具才可抵達。從春天的新綠到秋季的紅葉，一年四季前來造訪的登山者絡繹不絕，而黑部川上游的黑部水庫，還是日本最高的拱形水庫。

信濃大町車站

交通

立山黑部是單向路線，可選擇從立山車站或信濃大町進入，一日遊的行程較為倉促，建議在室堂住一晚，行程較為彈性，不用一直趕時間。

因為只有一條路線前往，可選擇從東或西方上山(東方上山→西方下山，或西方上山→東方下山)。交通工具都是固定的，關於以下各景點的所有的資訊，可見官網說明。

http www.alpen-route.com/tw

➡ 西方：由富山縣的「立山車站」進入；東方：由長野縣的「扇澤車站」進入

立山車站 | 登山口

立山黑部的登山口，由於立山黑部登山路線不准私人車前往，因此自駕的人僅能開車至立山或扇澤站，選擇汽車代駕，會有專人將你把車開至另一端；另外若是行李眾多，立山站也有行李託運的服務，可以直接寄到另一端的飯店，或是寄到山上的室堂飯店。

http、➡ 同立山黑部

美女平、彌陀之原 | 森林散步

美女平與彌陀之原皆有許多森林步道，搭乘巴士僅需10分鐘的車程，是立山黑部阿爾卑斯山路線重要景點之一。

http、➡ 同立山黑部

室堂 | 最靠近星星的地方

是整個立山黑部阿爾卑斯山路線的最高點，室堂車站除了有伴手禮店與餐廳外，還有郵局提供寄送服務，不妨買張明信片寄回國當紀念。另外，最有名的雪之大谷步道就在室堂車站出口處。

雪之大谷

http、➡ 同立山黑部

黑部平 | 一覽山岳美景

可眺望雄偉山脈及黑部湖的美麗景色，同時也有高山植物觀察園。

http、➡ 同立山黑部

大觀峰 | 最佳展望台

大觀峰展望台可看到日本阿爾卑斯山脈以及黑部水庫之壯觀全景，是阿爾卑斯山脈路線中的美景之一，還可遠眺日本百名山之一的鹿島槍岳及針木大雪溪。

http、➡ 同立山黑部

黑部湖 | 日本第一高的拱型水庫

黑部水壩是立山黑部阿爾卑斯山路線不可錯過的景點之一，季節性限定的水壩放水相當壯觀。

http、➡ 同立山黑部

大阪　Osaka

西日本

大阪是西日本中最大的城市，地理適中、交通便利，非常適合作為遊覽關西地區的中繼站，周邊的京都、奈良、神戶等都可以一日內來回。除了擁有天下第一名城的大阪城外，還有亞洲第一個建立的主題公園——環球影城。除此之外，心齋橋與道頓堀更是頗富盛名的購物與美食天堂。此處更匯集日本各地的美食料理，自古就有天下廚房的美譽，不論是拉麵、火鍋、大阪燒、串炸、章魚燒等等，都可以在大阪一次滿足。

交通

若是在大阪市內觀光，乘坐地鐵最為方便。貫穿市內南北的御堂筋線是大阪載客量最多的路線，相連大阪最主要的兩大地區，北至梅田，南至難波等主要車站均有抵達。除此之外，由大阪前往京都、神戶、奈良等，還可搭乘近鐵、南海、阪急、阪神、京阪等私營鐵路。在道路上，大阪的巴士都標有「大阪市營巴士」的標記，交通網絡幾乎遍及整個大阪市。
大阪市交通局：kensaku.kotsu.city.osaka.lg.jp

交通指南中心

在大阪若有任何交通上的問題，可以直接撥打市營交通指南中心，可使用中、英、日、韓等多國語言。
☎ 06-6582-1400　⏱ 08:00～20:00

西日本交通網路

西日本交通網絡發達，各城市往返均可搭乘電車前往，以下列舉出西日本的主要交通工具，詳細資訊可至網站查詢。
京阪電鐵：www.keihan.co.jp
阪急電鐵：www.hankyu.co.jp
阪神電鐵：www.hanshin.co.jp
南海電鐵：www.nankai.co.jp
近畿日本鐵道：www.kintetsu.co.jp
JR 西日本：www.westjr.co.jp
JR 東海：english.jr-central.co.jp
大阪市營地下鐵：www.kotsu.city.osaka.lg.jp
京都市營地下鐵：www.city.kyoto.jp
神戶市營地下鐵：www.city.kobe.lg.jp
神戶新交通：knt-liner.co.jp
關西機場交通巴士(利木津巴士)：www.kate.co.jp

心齋橋 | 300年歷史的商店街

心齋橋是大阪最知名的商店街,有超過300年的歷史,流行服飾、精品百貨、運動品牌與眾多商品、包括來日必買的「激安」藥妝店,這裡都有。若是逛累了,小巷弄裡還藏有許多特色咖啡廳,可以稍作休息,是觀光客到大阪的必訪之地。

http www.shinsaibashi.or.jp ✉ 大阪市中央區心齋橋筋 ➡ 搭地鐵至「心齋橋」站

道頓堀 | 大阪不夜城

具有特色的大型招牌,是大阪指標性的特色,最知名的就是固力果跑者的招牌。這裡有各式各樣商店,舉凡拉麵、壽司、餃子、大阪燒、章魚燒等都可在道頓堀一次滿足,加上知名夜店與俱樂部街都在河川兩旁,即使過了午夜12點,道頓堀仍是大阪不夜城的最佳代表。

http www.dotonbori.or.jp ✉ 大阪市中央區道頓堀 ➡ 搭地鐵至「難波」站或「日本橋」站

誇張繽紛鮮豔的招牌是大阪特色之一

環球影城 | 大人、小孩都愛

日本環球影城是個不論年齡,大人小孩都喜愛的主題樂園之一,不僅有刺激的雲霄飛車、可愛的史努比主題、凱蒂貓、芝麻街、蜘蛛人等等,以及在近期開啟的哈利波特園區,讓環球影城更添致命吸引力。

http www.usj.co.jp ✉ 大阪市此花區櫻島2-1-33 ➡ 搭JR櫻島線(夢咲線)到「環球影城」站(ユニバーサルシティ駅)

黑門市場 | 大阪新鮮廚房

　　黑門市場又有大阪新鮮廚房的稱號，在這裡集結了日本最道地的口味，不僅價格便宜，食材新鮮又好吃！除了有新鮮海鮮、肉類蔬果外，還有服飾、襪子、藥妝等多種商家，是不容錯過的景點之一。

http www.kuromon.com ✉ 大阪市中央區日本橋2-4-1
➡ 搭地鐵千日前線至「日本橋」站

元祖串炸 | 超人氣必嘗

　　大阪必吃的美食之一，「元祖炸串」是擁有超高人氣的串炸名店，分店眾多，其中以道頓堀店殺氣十足的人偶招牌最受觀光客喜愛。菜單中超過四十多種品項的串炸可選擇，其中道頓堀店限定的雞肉大蒜炸串，更是不容錯過。

http www.kushikatu-daruma.com ✉ 大阪市中央區道頓堀1-6-4

梅田 | 北區購物聖地

　　不論是摩天輪的Hep Five購物中心，阪急、阪神、大丸等百貨公司，還是超大型商店地下街、24小時不打烊的唐吉訶德、大型電器行、藥妝店，或是各式各樣日式料理、居酒屋等，都可以在梅田一次滿足，其中以梅田空中庭園展望台最受觀光客喜愛。

➡ 搭乘：JR至「大阪」站；阪急電鐵至「阪急梅田」站、阪神電鐵至「阪神梅田」站；地下鐵至「東梅田」、「西梅田」、「梅田」站

難波 | 南區購物聖地

　　大阪南區的繁華商業中心，不論是路面上，或是街道下皆擁有眾多商店街。以南海電鐵車站大樓為中心，附近集結了高島屋百貨、丸井百貨、大型電器行，還有各式服飾、日常用品等連鎖品牌。此外，各交通皆都匯集在此，相當便利。

➡ 推薦搭乘各鐵路至「難波」站

京都 Kyoto

　京都擁有眾多重要文化財產、神社、寺廟與國寶，曾經是日本的首都。在悠久的日本歷史中，京都一直是日本政治與文化的中心，更可說是古日本文化的縮影。茶會和茶文化、花道、日本舞蹈等傳統文化皆是以京都為中心發展起來的，至今京都建築仍保有古都的傳統風情，有多處神社、城堡與寺廟皆登錄世界文化遺產中，是深度探訪日本文化的首選城市。

交通

在大阪觀光適用的交通工具為地下鐵，在京都也有京都市營地下鐵，分為南北向的「烏丸」、東西向的「東西」線，兩線交接站為「烏丸御池站」；但京都最受觀光客歡迎的交通工具，莫過於公車與旅遊巴士，只要購買公車一日券，就可暢遊京都許多著名觀光景點，車上大多都有英文廣播，公車顯示牌也會顯示站名，而公車總站就在京都車站正前方，只要在旅遊資訊中心領取一本「公車導航」指南，就有詳細的公車路線資料，是方便又便宜的最佳選項。

京都市交通局： www.city.kyoto.lg.jp/kotsu

京都車站 ｜ 京都重要交通樞紐站

　JR京都車站是京都的重要交通樞紐站，也是京都旅遊的起點和終點，前往金閣寺、四条河原町、清水寺等知名觀光景點，都可從京都車站搭乘電車或公車前往，車站附近集結了餐廳、藥妝店、大型電器行、伴手禮店等各種商家。

✉ 京都市下京區烏丸通鹽小路

河原町 | 一級購物區

河原町是京都最繁華的街道，也是一級主要購物區，高島屋、阪急等各大百貨，各式各樣服飾店、伴手禮、電影院、餐廳都聚集在此。四条河原町旁邊的先斗町與木屋町，巷弄內隱身許多茶館與酒吧，運氣好的話，搞不好還可以看到舞妓。

http www.gion.or.jp；www.ponto-chou.com ✉ 京都市中京區河原町 ➡ 搭阪急京都線至「河原町」站

鴨川 | 《半澤直樹》場景

順著鴨川沿岸散步，盡情體驗京都風情，這裡是日劇《半澤直樹》的場景之一，5～9月還可以在

鴨川兩旁的餐廳，在納涼床上一邊吹著晚風，一邊享用美食。

http www.kyoto-yuka.com ➡ 京阪電車「出柳町」站

嵐山 | 歷史古蹟多

腹地廣大，海拔3,000公尺的嵐山，是春天賞櫻、秋天賞楓的最佳去所，包含三船祭、魚鷹捕魚、萬燈流放等祭典活動，吸引許多遊客前往。

大堰川兩岸旁的區域，都算是嵐山旅遊區範圍內，又稱為嵯峨野。而嵐山這有不少溫泉旅館，加上歷史古蹟眾多，如天龍寺、常極光寺、野宮神社等，可以逛上足足一整天。

http www.hankyu.co.jp(選擇「沿線おでかけ情報」→「嵐山なび」) ✉ 京都市西京區、右京區嵐山 ➡ 搭阪急電鐵至「嵐山車站」站

錦市場 | 京都美食大本營

如果說大阪的廚房是黑門市場，那京都的廚房就是錦市場，不論是新鮮魚類、肉類、蔬菜、水果、各式各樣的醃製物、小菜等，滿滿盡是京都當地的食材，去錦市場嘗嘗看看京都最新鮮又道地的料理吧！

http www.kyoto-nishiki.or.jp ✉ 京都市中京區錦小路通 ➡ 阪急京都線「河原町」站

茶寮都路里 | 必嘗抹茶甜品

來到京都，特產抹茶一定不能放過，其中茶寮都路里是馳名遠外的抹茶甜品店，菜單上每一項甜點看起來都十分

美味，聖代、蛋糕、栗子、抹茶凍等，每一種都讓人愛不釋手。

http www.giontsujiri.co.jp

野宮神社 | 愛情、學業祈福站

祈求姻緣愛情或是學業進步，務必要到野宮神社一趟，神社周邊茂密的竹林，是遠近馳名的「野宮竹」，而使用保留樹皮的木材所建成的「黑木之鳥居」更是不容錯過的景點之一。

http www.nonomiya.com ✉ 京都市右京區嵯峨野宮町1

日本旅遊玩樂

清水寺 ｜ 千年古寺

清水寺列入世界文化遺產中的古都京都的文化財之一，更是觀光客來到京都的必訪之處；其中二年坂、三年坂可說是散步道裡最精華路段，美食、和風物、陶器及禮品店家可說齊聚在此古街上。

http www.kiyomizudera.or.jp ⊠ 京都市東山區清水1-294 ➡ 搭京都市巴士至「清水道」站

京都散步街道 ｜ 穿和服散步

從高台寺的「寧寧之道」到八坂神社的「神幸道」，以及以知恩院為主的「智慧之道」，加上「夢見坂」、「石塀小路」、「寧寧的小徑」、「安井通」所連成的京都散步路線，若是再加上清水坂與清水寺，就能構成一整條「京都散步街道」。穿著和服與浴衣，在京都古色古香的建築與富有特色街道的下散步，是享受古都的不二法門。

http 東山參道地圖：www.kodaiji.com(選擇「周辺の観光案内」→「東山参道イラストマップ」) ⊠ 京都市下京區烏丸通七條下東鹽小路町721-1

地主神社 ｜ 敲響幸福鐘聲

地主神社位於清水寺正殿北邊，時常可見祈求良緣的年輕人在此虔誠參拜，只要閉著眼睛走完直線10公尺遠的戀愛占卜石，敲響神社內的「幸福鑼」，就可以傳遞訊息給愛神。

➡ 搭京都市巴士至「清水道」站 ⊠ 京都市東山區清水1-317

伏見稻荷大社 ｜ 商業、財運祈福站

日本全國各地四萬所稻荷神社的總社，也是世界文化遺產之一。日本人信奉商業繁榮昌盛、五穀豐收之神，因此求商業或財運等，一定要來伏見稻荷大社。位於稻荷山上，其中以千座紅色鳥居所構成的千本鳥居，看似隧道的祕密通道，可直通稻荷山山頂，是京都特有的景色之一。

http inari.jp ⊠ 京都市伏見區深草薮之內町68 ➡ 搭京阪電車至「伏見稻荷」站；南5公車至「伏見稻荷」站

金閣寺 ｜ 金碧輝煌

同樣被列入世界文化遺產的金閣寺，起初名為鹿苑寺，由於鹿苑寺外表貼金，故又稱金閣寺。塔頂上有一隻金鳳凰，金光燦爛，十分吸睛。

http www.shokoku-ji.jp ⊠ 京都市北區金閣寺町1 ➡ 搭公車至「金閣寺前」或「金閣寺」站

八坂神社、圓山公園 ｜ 祇園總本社

八坂神社位於京都市內四条通接到的底端，與圓山公園相連，是日本全國祇園社的總本社，專供奉買賣興隆、消災驅邪之神，圓山公園內的垂櫻和夜櫻是京都賞櫻名所，園內還有日式茶屋和高級餐廳等，也是通往高台寺與清水寺的必經之地。

➡ 搭公車至「祇園」站 ⊠ 京都市東山區祇園町北側625

宇治 Uji

宇治出產高等茶葉聞名世界，距京都僅需30分
鐘車程，除了宇治川的美麗景觀外，大街小巷都飄
逸著誘人的茶香，且是名著《源氏物語》中的場景
之一。宇治上神社與平等院被列入世界文化遺產，
平等院更是用來作為日本10元硬幣的圖案。

交通

搭JR到宇治站，或是搭京阪電車到京阪宇治站，
由於宇治城不大，觀光景點的距離都很近，非常
適合散步慢行，在車站附近都有詳細的觀光路線
圖可以參考。
宇治市觀光協會：www.kyoto-uji-kankou.or.jp

平等院 ｜ ￥10上的建築

平等院也是世界文化遺產之一。入場券有兩種：一個是參觀花園及博物館「鳳翔館」；另一個則是參觀鳳凰堂內部，兩種票券必須分開購買，而￥10硬幣上的廟宇圖騰，就是鳳凰堂。

http www.byodoin.or.jp ✉ 宇治市宇治蓮華116 ➡ 搭JR奈良線至「宇治」站

中村藤吉本店 ｜ NO.1抹茶甜品

宇治周圍有許多販賣抹茶雙淇淋及甜點的店家，品質相差甚大，其中以中村藤吉本店最有名，抹茶雙淇淋濃郁富有茶香，

由於相當熱門，需要有大排長龍的心理準備。

http www.tokichi.jp ✉ 宇治市宇治1-10

伊藤久右衛門 ｜ 抹茶專賣店

歷史悠久的抹茶專賣店，餐廳內除了抹茶與各式抹茶甜點外，還有抹茶蕎麥麵可供選擇。

http www.itohkyuemon.co.jp
✉ 宇治市平等院表參道

宇治上神社 ｜ 日本最古老

同樣也是世界著名文化遺產，位於宇治神社的北邊，是日本最為古老的神社，也是日本國寶，其中名為桐原水的泉水，是傳說中宇治七名水之一。來到宇治不妨走訪此地，在宇治川沿岸稍作休息，並在傳統茶館品嘗最傳統的宇治茶茶道。

➡ 搭JR奈良線至「宇治」站 ✉ 宇治市宇治山田

西日本

神戶 Kobe

神戶背山面海又冬暖夏涼，是兵庫縣的第一大城市。六甲山上可俯瞰整個神戶港景色，有百萬夜景之稱；神戶港灣的商城擁有許多面海餐廳，可欣賞港灣景色；連接神戶和淡路島的明石海峽大橋，是世界上最長的繩索橋，飽覽瀨戶內海與大橋的美麗景致；老少咸宜的六甲山滑雪樂園，是每年冬天最熱門的景點，在廣闊雪白的滑雪場裡自在滑雪，還可以用雪人製造機製造出獨一無二的雪人。

悠閒地走在神戶街道上，會感受到與日本其他城市不同的感覺，尤其是三宮的北部與北野異人館，可以深刻感受到神戶異國風情的獨特風貌。布引的瀑布更是日本百選美麗瀑布之一；而六甲山的百萬夜景與有馬溫泉也是不容錯過的景點。最後，一定要品嘗頂級的神戶牛肉，體驗一場視覺與味覺的饗宴！

交通

想要一天跑遍神戶必訪的觀光景點，只要購買Cityloop一日券，就可以在神戶暢遊一日遊。

神戶交通振興株式会社：www.kctp.co.jp
神戶市政府(巴士)：www.city.kobe.lg.jp
(選擇「くらしの情報(総合メニュー)」→「市バス」)

有馬溫泉 | 神戶腹地

有馬溫泉有「神戶腹地」之稱，與白濱溫泉、道後溫泉，並列為日本三大古溫泉之一。最著名的是「金泉」和「銀泉」。在有馬溫泉街上，有許多溫泉旅館，或是僅供溫泉的公共浴池，適合不過夜的民眾。

http www.arima-onsen.com ✉ 神戶市北區有馬町

神戶布引香草園 | 日本最大薄荷園

神戶布引香草園位於六甲山上，是日本最大的薄荷園，園內設有香草料理的空中展望餐廳，夏季薰衣草開花之際，是參觀遊覽的最佳季節。乘坐纜車可眺望神戶市區，以及神戶港內人工島的美麗風景。

➡ 前往神戶布引香草園的唯一交通工具，是搭乘登山纜車，由山下到香草園約10分鐘 ✉ 神戶市中央區茸合町宇山郡

北野異人館 | 各國文化集合

1868年神戶港開放國外貿易，許多外國人選擇在北野居住，因此此區有許多西洋建築，當時的日本人稱外國人為「異人」，現在開放約20棟的建築供遊客參觀，由於每一棟異人館會因為國家不同而有不同建築特色，可挑選喜歡的異人館購買入場券，或是買多館通行券比較划算。

http www.ijinkan.net ✉ 神戶市中央區北野町‧山本街

姬路城 兵庫第二大城市

姬路市位於兵庫縣的西南部，為兵庫縣的第二大城市，被登錄為世界文化遺產的「姬路城」也是好萊塢電影《最後的武士》的外景地，來到兵庫縣除了走訪神戶外，不妨來一趟姬路城，一探古城魅力。

http 姬路城：www.himejicastle.jp；山陽電車：www.sanyo-railway.co.jp(選擇「ピックアップ情報」→「姬路城」)

奈良 Nara

　奈良是一座擁有千年歷史的文化古都,從大阪市區僅需30分鐘就能抵達。現今奈良保存許多歷史淵源的建築物與文化財產,最知名的莫過於東大寺的大佛,而在廣闊的奈良公園內,有許多可愛的鹿群,只要手上有鹿仙貝,就可以輕鬆地餵食鹿群,和可愛的鹿有近距離的接觸。

交通

善用百元巴士與公車一日券,就能在奈良跑透透。
奈良交通株式會社: www.narakotsu.co.jp
奈良大和路近鐵: www.kintetsu.co.jp/nara
奈良觀光地圖: narashikanko.or.jp/tw
(選擇「交通路線」→下載「奈良觀光地圖」)
百元巴士: www.nara-access-navi.com
(選擇「周遊觀光案內」)
奈良觀光巴士: www.narakotsu.co.jp
(選擇「定期觀光巴士」)

奈良公園 ｜ 小鹿天堂

　　奈良公園是奈良腹地廣大、首屈一指的公園，園內寬闊的草地上有許多小鹿外，還有興福寺、東大寺、春日大社等代表性的寺廟與神社，光是走遍公園一圈就可以花上一整個上午時光。

http nara-park.com ✉ 奈良市雜司町・春日野町 ➡ 搭近鐵至「奈良」站

平城宮跡 ｜ 千年古蹟

　　平城宮跡是日本第一個登入世界遺產的考古遺跡，和東大寺等建築以「古都奈良的文化財」共同列入世界文化遺產名單，也是來到奈良不容錯過的景點之一。

http www.nabunken.go.jp/heijo ➡ 搭近鐵至「大和西大寺」站

東大寺 ｜ 木造建築世界NO.1

　　被列入《世界遺產名錄》的東大寺，是世界最大的木造建築，最著名的過莫過於東大寺大佛殿內，有高達15公尺以上的大佛像，據說是因為建在首都平城京以東，所以被稱作「東大寺」。

http www.todaiji.or.jp ✉ 奈良市雜司町406-1 ➡ 搭巴士至「大仏殿春日大社前」站

春日大社 ｜ 奈良公園裡

　　位於奈良公園裡的春日大社，是奈良的文化財產之一，也是世界文化遺產，是來到奈良觀光不容錯過的景點之一。

http www.kasugataisha.or.jp ✉ 奈良市春日野町160 ➡ 搭巴士至「春日大社本殿」站或「春日大社表參道」站

沖繩 Okinawa

　　沖繩群島距離台灣只需要2小時左右即可抵達，是日本最南的縣，擁有160個大小島嶼。藍天白雲、美麗海灘、穿梭於珊瑚礁中的海洋魚類，是沖繩的最佳寫照，被列入世界文化遺產的琉球國王的居城──首里城，更是不容錯過的景點。

　　沖繩全區皆具不同特色，南部擁有南日本最大的暢貨中心ASHIBINAA Outlet、眾多觀景咖啡廳，與鐘乳石玉泉洞；西海岸是濱海度假勝地，殘波岬、萬座毛等觀光勝地均在此地。

　　那霸市是沖繩最為繁榮、唯一擁有路面電車的區域，國際通更是擁有眾多伴手禮與特色小店，是旅客造訪沖繩首要景點。

離島

沖繩離島眾多，島嶼各具特色，擁有日本自然百景──川平灣的石垣島；保有原始沖繩村落的竹富島；乳白色海灘，生態豐富的珊瑚礁宮古島，海上活動十分盛行外，初夏舉行鐵人3項大賽，春季開展的職業棒球野營活動也頗負盛名。

交通

巴士

沖繩最常見的大眾運輸為巴士，總站位於電車旭橋站，分為均一票價￥230的那霸市內巴士，與依距離支付車資的那霸市外巴士。

沖繩巴士：www.okinawabus.com
那霸巴士：okinawa.0152.jp

電車

若僅在那霸市觀光，可購買沖繩單軌電車(Yui-Rail)一日券￥700，24小時內無限次數搭乘，僅需搭乘3次就值回票價，多個知名觀光景點均有停靠。

沖繩單軌電車：www.yui-rail.co.jp

租車

由於那霸市區以外的景點較偏遠，巴士每日班次有限，加上費用昂貴，租車自駕是便宜又方便的選項之一。

たびらい 沖繩：car.okitour.net/car_airport

首里城 │ ￥2,000上的建築

沖繩過去是琉球王國，而首里城是琉球王國之王宮、都城所在地，是來沖繩的必訪景點。而日幣2,000元的正面圖案，是首里城守禮門，在日本本島使用率不高，但在沖繩反倒常見。

http oki-park.jp/shurijo-park ✉ 沖繩縣那霸市首里金城町1-2 ➡ 搭單軌電車至「首里」站

港川外國人住宅 │ 中部祕密基地

早期為美軍軍眷基地，現已改建為咖啡廳與個性小店，是中部地區的祕密基地。

http okisho.com/foreigner-house ➡ 建議租車自駕

海洋博公園、沖繩美麗海水族館 │ 來看鯨鯊

擁有世界第一人工繁殖鯨鯊最多的水族館，還有海豚表演等多種參觀項目。

http oki-park.jp/kaiyohaku ✉ 沖繩縣國頭郡本部町石川424 ➡ 建議租車自駕

國際通 │ 奇蹟的一哩

國際通可以說是觀光客必訪的景點之一，全長共1.6公里，兩側商店街充滿伴手禮店、餐廳與各式各樣的商店，星期天會進行封街，車輛均不得進入。

http www.kokusaidori.net/kokusaidori ➡ 搭單軌電車至「縣廳前站」

ASHIBINAA Outlet │ 南日本最大的暢貨中心

ASHIBINAA Outlet是南日本最大暢貨中心，擁有眾多精品與日式服飾品牌，是採購血拼的最佳去處。

http www.ashibinaa.com ➡ 搭乘巴士至「OUTLET MALL前」

萬座毛 │ 萬人乘坐的草原

因海浪長年侵蝕石灰岩而形成的懸崖峭壁，遠看猶如象鼻，是日本國定自然公園，早期琉球國王讚嘆其為可供萬人乘坐的平原，萬座毛由此而得名。

✉ 沖繩縣國頭郡恩納村字恩納
➡ 建議可以租車自駕(MAPCODE：206282850*43)

沖繩世界文化王國村・玉泉洞 おきなわワールド │ 南部

最大主題樂園

以日本三大鐘乳洞之一的玉泉洞為中心，全長約5公里，結合在傳統工藝廣場，擁有百年歷史的古老民宅，加上可觀看傳統沖繩舞蹈與傳統工藝。

✉ 沖繩縣南城市玉城前川1336
➡ 建議租車自駕（MAPCODE：232495248*03）

普天滿宮 │ 地底鐘乳洞穴聞名

位於宜野灣的普天間，是琉球八社之一，以地底鐘乳洞穴聞名，全長約近300公尺。

✉ 沖繩縣宜野灣市普天間1-27-10
➡ 建議租車自駕（MAPCODE：33438614*72）

今歸仁城跡 │ 賞櫻景點

被封為世界文化遺產的今歸仁城跡，現已是沖繩賞櫻花知名景點。

✉ 沖繩縣國頭郡今歸仁村今泊5101
➡ 建議租車自駕（MAPCODE：553081414*12）

波上宮、波之上海灘 │ 沖繩總鎮守

波上宮是沖繩人都知道的神社之一，是為了向海上神明祈求平安所建，緊鄰的海灘為波之上海灘，是那霸市內唯一的海灘，沙灘上可租借躺椅與遮陽傘，無任何水上活動設施。

✉ 沖繩縣那霸市若狹1-25
➡ 搭單軌電車至「旭橋」站

小島專題 | 石垣島 Ishigaki Island

石垣島是八重山諸島中的主要島嶼，也是極為重要的交通樞紐，而石垣市是八重山唯一一個市級行政區，也是日本最南端的城市。整個島有各種住宿選擇，有背包旅館、民宿到度假村、飯店等將近200間，最便宜的一人一晚約￥2,000。

觀光資訊： www.yaeyama.or.jp

交通

觀光巴士
株式会社かびら観光交通： www.kabirakanko.com
カリー観光石垣営業所： www.karrykanko.com
巴士(東運輸)： www.cosmos.ne.jp/~bus

川平灣 | 最美風景在這裡

川平灣可以說是石垣島上風景最美麗的地方，水面呈現出翡翠一樣的藍綠色，可以乘坐玻璃船欣賞灣區的水底世界，不能下水游泳。玻璃船從上午9點開始到下午5點，30分鐘的航程費用約￥1,000。

✉ 沖繩縣石垣市川平

竹富島

距離石垣島搭船僅需10分鐘的竹富島，是來到石垣島必去參觀的景點之一，島上過去農耕用的水牛，今日發展成遊覽小鎮風光的載客牛車，水牛車上導遊用三線彈奏著小調，介紹當地民俗風情，所需時間約30分鐘。

✉ 沖繩縣八重山郡竹富町竹富97

小島專題

宮古島
Miyako-jima

宮古島是指大大小小共8個島嶼所組成的宮古諸島，珊瑚礁群島地群是著名潛水勝地，除了人口聚集的市區外，整個島上都是一望無際的遼闊風光景色。東南端有「東平安名崎燈塔」，西北端有「西平安名崎燈塔」，除此之外，北邊有池間島，東北有大神島，西邊有伊良部島、下地島、來間島；其中池間島、來間島分別有池間大橋與來間大橋相通，伊良部島也有長達5公里的橋梁，各島嶼均有碧海白沙的海灘，適合租車自駕遊或租借腳踏車。

交通

要來宮古島觀光，需從日本本島或沖繩搭乘國內飛機，而宮古諸島各島嶼間則是搭乘快速船，詳細資訊可至網址查詢(www.miyako-guide.net)，由於島上人數不多，許多民宿均有提供機場接送服務，也可直接租車或租借腳踏車環島，詳細資訊可洽各民宿與飯店諮詢。

宮古島ねっと： www.miyakozima.net

巴士

宮古島巴士共有1～7號系統，首班車為早上7點多，晚上8點過後就沒有巴士，建議搭乘前，先上網查詢時刻表與路線圖。

http www.miyako-net.ne.jp/~kyoeibus/top

東平安名崎/平安名崎燈塔
日本百景之一

位於宮古島最東邊，突出聳立在海洋的美麗海岬，被選為日本百景之一的絕佳景點，從燈塔的展望台看去，右手邊是太平洋，左手邊是東支那海的無敵美景。

✉ 沖繩縣宮古島市城邊保良

海灘 | 潔白如瑕

宮古島上有有許多大大小小的海灘，由於觀光客不多，都保有最初原貌，潔白如瑕。

觀光資訊站

舉凡住宿，飯店或民宿，觀光景點，交通資訊等眾多資訊均有記載。

宮古情報館：
www.ritou.com/miyako/miyako.shtml

宮古島觀光協會： www.miyako-guide.net

夢起飛書系

一趟充滿回憶的旅行需要行動力，圓一個夢去完成心中的渴望，更需要行動力。這些旅人，不只是在旅行，更是在找自己；並企圖在旅程劃下句點之後，能確定人生方向，投入他們真正想要的志業，過他們更樂意去過的生活。

圓夢，不是靠衝動，而是一股持續醞釀與增強的動力；也不是因為別人的邀約，而是為了回應內心的呼喚。

有行動力的旅行，就在太雅出版社！從教你如何旅行，到教你如何圓夢，太雅始終是你的旅途良伴。

勇敢轉職

走！到法國學廚藝
作者◎安東尼

超過60萬人都在看的安東尼廚房出書囉！看科技新貴放棄工作，飄洋過海到法國藍帶學廚藝，突破語言不通、和從零開始的學習困難，一步步邁向法國廚師之夢！附藍帶、斐杭狄廚藝學校申請須知及上課實錄。

勇敢創業

英國開車玩一圈
作者◎Burger Bus英式漢堡店小夫妻

一個是電信所、一個是外文系畢業，兩個毫無餐飲背景的人，憑著熱情興趣，開始「不務正業」地開起漢堡店。書中分享熱血曲折的創業故事，及尋找開店靈感的環英之旅。本書也是市面上最詳盡的英國開車導覽書！

勇敢挑戰

用馬拉松旅行世界
作者◎劉憶萱（江湖一品萱）

帶著愛跑步的熱情，勇敢挑戰世界走破的夢想。一路邊跑邊玩，見識各國馬拉松的創意、特色，記錄馬場上動人的故事及畫面，是愛馬迷最想收藏的世界馬拉松精華寶典，開啟你的眼界！

勇敢出走

騎在天使安排的道路上
作者◎張永威

一位單車新手，兩年內喪失兩位至親，決定出走美國，騎單車橫跨東西岸108天。一路上遭遇最困難的處境、遇見最美好的人。書中帶領我們重新思索旅行的意義，用旅行療癒自己。

勇敢蜜月

紐西蘭自助旅行
作者◎林伯丞

新婚後不久，便毅然決然辭去安穩的工作，前往他最愛的紐西蘭國度，用打工換宿的方式，到國外家庭住住看，帶著老婆度過一整年的蜜月之旅。小夫妻用心記錄了實用性高的紐西蘭旅遊與體驗行程之外，更特別收錄10個換宿家庭的故事。

太雅讀書花園

圓夢系

地鐵
自助旅行者最好的城市伴侶！

在每一次移動間，
感受截然不同的城市風情，
從時尚街區到摩登新建築，
遇見潮男潮女的活力，
或鑽進城市最樸實的小巷弄，
與城市古老靈魂貼心交流。

一條地鐵線，
即是一場大串連，
而每站出口，
都是一場嶄新冒險。
你，準備走出地鐵站、
展開冒險了嗎？

將旅行化繁為簡，跟著地鐵動線，一站站玩透透！

搭地鐵玩遍上海　作者／葉志輝　定價／370元

搭地鐵玩遍東京　作者／孫偉家　定價／480元

搭地鐵玩遍曼谷　作者／王之義　定價／350元

搭地鐵玩遍北京　作者／黃靜宜　定價／370元

搭地鐵玩遍新加坡　作者／但敏　定價／350元

搭地鐵玩遍倫敦　作者／李思瑩・英倫懶骨頭　定價／380元

搭地鐵玩遍香港　作者／三木　定價／380元

搭地鐵玩遍巴黎　作者／姚筱涵　定價／420元

搭地鐵玩遍首爾　作者／索尼客　定價／480元

搭地鐵玩遍釜山　作者／Helena　定價／430元

搭地鐵玩遍紐約　作者／孫偉家　定價／450元

So Easy! 年度銷售排行榜冠軍旅遊書系

世界主題之旅

太雅讀書花園

個人旅行書系

景點導覽系

太雅，個人旅行，台灣第一套成功的旅遊叢書，媲美歐美日，有使用期限，全面換新封面的Guide-Book。依照分區導覽，深入介紹各城市旅遊版圖、風土民情，盡情享受脫隊的深度旅遊。

「你可以不需要閱讀遊記來興起旅遊的心情，但不能沒有旅遊指南就出門旅行……」台灣的旅行者的閱讀需求，早已經從充滿感染力的遊記，轉化為充滿行動力的指南。太雅的旅遊書不但幫助讀者享受自己規畫行程的樂趣，同時也能創造出獨一無二的旅遊回憶。

107
捷克．布拉格
作者／張雯惠 Christy

106
香港
作者／林姷妁

105
京都．大阪．神戶．奈良
作者／三小a

104
首爾．濟州
作者／車建恩

103
美國東岸重要城市
作者／柯筱蓉

102
小三通：金門．廈門
作者／陳玉治

101
雪梨．墨爾本
作者／王瑤琴
修訂／張勝惠、陳小另

100
吉隆坡
作者／瑪杜莎

099
莫斯科．金環．聖彼得堡
作者／王姿懿

098
舊金山
作者／陳婉娜

096
西班牙：巴塞隆納．馬德里．賽維亞
作者／邱宗翎

095
羅馬．佛羅倫斯．威尼斯．米蘭
作者／潘錫鳳、陳喬文、黃雅詩

094
成都・重慶
作者／陳玉治

093
西雅圖
作者／施佳瑩、
廖彥博

092
波士頓
作者／謝伯讓、
高薏涵

091
巴黎
作者／姚筱涵

090
瑞士
作者／蘇瑞銘

088
紐約
作者／許志忠

075
英國
作者／吳靜雯

074
芝加哥
作者／林云也

065
九寨溝
作者／陳守忠

047
西安
作者／陳玉治

042
大連・哈爾濱
作者／陳玉治

038
蘇州・杭州
作者／陳玉治

005
洛杉磯
作者／王之義

太雅帶你
放眼設計

DESIGN

身為太雅出版選題者，完全無法漠視今天中國城市蓬勃發展的藝術活動、激昂發聲的創作力、犀利精準的藝評、國際設計品牌與知名藝廊全數進場⋯⋯在中文的世界裡，如果要獲知新潮深刻的設計創作情報，閱讀到精彩又觀點獨到的評論，必須習慣訂閱中國的雜誌，來自中國的「放眼設計」企劃與作者群是太雅最推崇的，讓這群設計前線的的觀察家帶領你穿梭在世界最美麗的角落！

聯名推薦

李根在 國立台灣科技大學工商業設計系專任助理教授

吳東龍 東喜設計工作室負責人

官政能 實踐大學副校長・工業產品設計學系教授

徐莉玲 學學文創志業董長

唐聖瀚 Pace Design 北士設計負責人

陳瑞憲 三石建築主持人

馮宇 IF OFFICE負責人

盧淑芬 ELLE雜誌總編輯

蕭青陽 設計人

聶永真 設計師

企│劃│方│向

在中國原名是「漫步設計,是根據《Design 360°》觀念與設計雜誌改編而來。每本書的城市(或國家),都是世界公認的設計之都或美學大國,內容涵蓋建築、動畫、工業設計、室內設計、平面設計、數位設計、時裝設計和其他行業,本系列可以成為設計院校師生、專業人士、生活美學愛好者不可或缺的優良讀物書籍,通過這套圖書擴寬設計的意念和空間。

作│者│實│力

《Design 360°》雜誌是一本「亞洲主流設計雜誌」,以介紹國際先進的設計理念、獨特創意,傑出設計師,設計院校及設計資訊的設計類綜合雜誌。目前已擁有數萬名忠實讀者,成功跨越新加坡、澳大利亞、印度、中國等國家和香港、澳門等地區,更於2009年以來連續兩年榮獲「亞洲最具影響力設計大獎」。2011年白金創意獎首度與《Design 360°》雜誌聯手舉辦,邀請該雜誌的總編輯王紹強擔任評委,全程參與。該雜誌對於傳播世界最新設計理念、創意風潮不遺餘力,深受各界肯定。

So easy 95

開始到日本打工度假

作　　者	高函郁
攝　　影	高函郁

總 編 輯	張芳玲
書系企劃	taiya旅遊研究室
主責編輯	林孟儒
封面設計	陳淑瑩
美術設計	陳淑瑩、林惠群、蔣文欣

太雅出版社 編輯部
TEL：(02)2882-0755　　FAX：(02)2882-1500
E-MAIL：taiya@morningstar.com.tw
郵政信箱：台北市郵政53-1291號信箱
太雅網址：http://www.taiya.morningstar.com.tw
購書網址：http://www.morningstar.com.tw
讀者專線：(04)2359-5819 分機230

發 行 所	太雅出版有限公司
	台北市11167劍潭路13號2樓
	行政院新聞局局版台業字第五○○四號
印　　刷	上好印刷股份有限公司　TEL：(04)2315-0280
裝　　訂	東宏製本有限公司　TEL：(04)2452-2977
法律顧問	陳思成律師

初　　版	西元2015年11月01日
定　　價	300元

(本書如有破損或缺頁，退換書請寄至：
台中市工業30路1號 太雅出版倉儲部收)

ISBN 978-986-336-088-9
Published by TAIYA Publishing Co.,Ltd.
Printed in Taiwan

國家圖書館出版品預行編目(CIP)資料

開始到日本打工度假 / 高函郁作.
-- 初版. -- 臺北市：太雅, 2015.11
面；　公分. -- (So easy；95)
ISBN 978-986-336-088-9(平裝)

1.旅遊 2.副業 3.日本

731.9　　　　　　　104017554

這次購買的書名是：

開始到日本打工度假 最新版 (So Easy 95)

*01 姓名：_____ 　性別：□男 □女　生日：民國_____ 年

*02 手機（或市話）：_____

*03 E-Mail：_____

*04 地址：□□□□□ _____

05 你對於本書的企畫與內容，有什麼意見嗎？

_____

_____

_____

06 你是否已經帶著本書去旅行了？請分享你的使用心得。

_____

_____

_____

_____

很高興你選擇了太雅出版品，將資料填妥寄回或傳真，就能收到最新的太雅出版情報及各種藝文講座消息！

填問卷，抽好書 (限台灣本島)

凡填妥問卷(星號＊者必填)寄回、或完成「線上讀者情報上傳表單」的讀者，將能收到最新出版的電子報訊息！並有機會獲得太雅的精選套書！每單數月抽出10名幸運讀者，得獎名單將於該月10號公布於太雅部落格。太雅出版社有權利變更獎品的內容，若贈書消息有改變，請以部落格公布的為主。參加活動需寄回函正本始有效(傳真無效)。活動時間為2015/07/01～2016/06/30

以下3組贈書隨機挑選1組

放眼設計系列2本　　　居家烹飪2本　　　黑色喜劇小說2本

填表日期：_____年_____月_____日

太雅出版部落格
taiya.morningstar.com.tw

太雅愛看書粉絲團
www.facebook.com/taiyafans

旅遊書王(太雅旅遊全書目)
goo.gl/m4B3Sy

（請沿此虛線壓摺）

太雅出版社 編輯部收

台北郵政53-1291號信箱
電話：(02)2882-0755
傳真：**(02)2882-1500**
（若用傳真回覆，請先放大影印再傳真，謝謝！）

（請沿此虛線壓摺）

太雅部落格 http://taiya.morningstar.com.tw

有行動力的旅行，從太雅出版社開始

（請沿此虛線裁剪）